Prólogo

La mayoría de los padres ya sabemos que la familia es importante y la gran mayoría de cristianos sabemos que la familia es el eje del diseño de Dios para la plenitud del ser humano. Sin embargo, lo que muchos parecemos desconocer es cómo convertir nuestras aspiraciones en realidad y por eso hay dos razones fundamentales de por qué este libro es un aporte sensacional.

Esta es una colección de ideas prácticas y esa es la primera razón de por qué me entusiasma tanto este libro. La cantidad de ideas y propuestas realizables que brinda esta gran herramienta es sensacional. Rich y Elisa con la ayuda de sus cuatro hijos han trabajado una colección asombrosa que ayudará a los padres a no solamente entender mejor por qué involucrar a los hijos temprano en el servicio sino a cómo hacerlo con ideas que se adaptan a las distintas etapas y edades por las que pasa una familia; y la segunda razón no es menos destacable y es que este material me entusiasma porque saca a la luz los secretos de una de las familias más estupendas que conozco.

Rich y Elisa, junto a Olivia, Mishayla, Josiah y Alexa son una familia super especial que sabe trabajar en equipo y que lleva años marcando diferencias positivas alrededor del mundo. Ellos no escribieron este libro porque alguien debía hacerlo sino porque ellos debían hacerlo. Esta familia inusual cuenta con años de experiencia sirviendo a la iglesia y a la sociedad en distintos países (de hecho, nacieron en cuatro países diferentes y tienen 20 pasaportes oficiales...) y no son la típica familia cristiana de buenas intenciones pero aburrida que pasa la misma cantidad de tiempo mirando pantallas que durmiendo. Todos ellos han estado involucrados en el servicio desde muy temprano en la vida y a las ideas que buscaron y estudiaron para compartir en estas páginas le agregan la virtud de la autoridad y la experiencia porque no es que comparten de lo que escucharon o leyeron en otro lado sino de lo que han vivido.

Mi recomendación final entonces al introducirte a este libro es que lo leas con el corazón abierto y con la certeza de que tu familia también puede hacer una diferencia positiva en el mundo. No siempre será fácil lograr que cada miembro de la familia deje sus distracciones pero no te rindas al contagiar con entusiasmo a los tuyos a hacer lo que estás páginas te proponen.

Dr. Lucas Leys
Fundador de e625.com

Introducción

El secreto para inspirar a nuestros hijos en su fe

(por Rich Brown y Elisa Shannon Brown)

"Pensamos que a veces la pobreza sólo es sentir hambre, estar desnudo y sin hogar. La mayor pobreza es la de ser no deseado, no amado y descuidado. Debemos empezar en nuestros propios hogares para remediar este tipo de pobreza". **Madre Teresa**

"El ayuno que a mí me agrada es que dejen de oprimir a quienes trabajan para ustedes y liberen a los que están esclavizados y que ¡acaben con toda injusticia! Ayuno es que compartan su alimento con los hambrientos y que alberguen en sus hogares a los indefensos y menesterosos, que vistan a los que padecen frío y ayuden a todo aquel que necesite de su auxilio".
Isaías 58:6-7

Nunca olvidaremos la primera vez que llegamos con nuestro grupo de jóvenes de la iglesia al relleno sanitario (basurero) en Perú. Alguien nos había dicho que estaba en las periferias de la ciudad. Fuimos con treinta líderes de jóvenes de nuestra iglesia. Nosotros les habíamos pedido a nuestros hijos que donaran algunos de sus muchos juguetes. Cada uno de nuestros tres hijos mayores (de cinco, siete y nueve años) tenía que escoger diez juguetes. Llegamos al basurero esperando encontrar una que otra persona reciclando basura, ¡pero lo que encontramos ese día fue un pueblo entero de gente escondida, perdida y olvidada! Había muchos niños de todas las edades ayudando a sus padres a reciclar.

Vimos a un niño de unos cinco años que había encontrado una manzana medio comida y negra, que les dijo a sus amigos y familiares: "¡Miren lo que encontré!", y para nuestra sorpresa se comió esa manzana sucia y asquerosa sin pensarlo dos veces. Ese día les lavamos el pelo a los niños y los piojos saltaban en nuestras manos. Siempre recordaremos cómo nuestros hijos entregaron sus juguetes a los niños más pobres y necesitados que jamás habíamos visto en nuestras vidas.

Junto a nuestros jóvenes nos quedamos traumados mirando estas escenas. Realmente no estábamos preparados para esta pobreza tan extrema. Nos sorprendió que esto estuviera pasando en nuestra propia ciudad. ¿Dónde estaba el gobierno? ¿Cómo podían dejar que esto pasara? Miramos al cielo y preguntamos: "Dios, ¿cómo puedes dejar que esto pase?". En ese momento supimos que Dios nos estaba diciendo: "Para eso los tengo a ustedes, la iglesia. La responsabilidad es suya". (Santiago 2:15-17).

Los del relleno sanitario se nos acercaron y dijeron: "Ustedes no se están cubriendo la nariz y la boca como nosotros, se van a enfermar". ¡Ellos se preocupaban por nosotros! Rápidamente separamos a los niños de los adultos porque solo habíamos traído suficientes regalos, frutas y pan para cincuenta personas. ¡Solo contando los niños había unos cincuenta! Jugamos un poco con ellos, oramos por la comida, nos sentamos en la tierra junto a ellos mientras comían y entregamos los víveres.

Nos reunimos con los jóvenes y todos tuvimos el mismo sentir: Dios quería que hiciéramos algo. Los chicos decían: "No podemos dejar que en nuestro país existan tantos hambrientos y gente en riesgo". Empezamos un ministerio con gente que vive, trabaja y come en la basura. Nosotros ya no vivimos en Perú, pero el ministerio sigue y ha crecido mucho más de lo que podríamos haber imaginado. ¡Qué hermoso es ver al cuerpo de Cristo sirviendo a los más necesitados! (www.incalink.org).

El impacto de esta experiencia tocó profundamente a nuestra familia también. Nunca volvimos a ser los mismos: ese momento nos cambió para siempre.

Si estás buscando algo que una a tu familia o que ayude a tus a hijos aprender a ser agradecidos por lo que tienen, este libro es para ti. Si estás buscando una herramienta que pueda transformar a tus hijos, acercarlos a Dios y hasta hacer disminuir el pecado en sus vidas, la ayuda social y el servicio a las personas en necesidad es un secreto poderoso para lograr todo esto y mucho más.

Nosotros amamos a nuestra familia y nos sentimos privilegiados por haber recibido tan hermoso regalo de Dios. Les pedimos a nuestros hijos sus aportes en este libro no porque creemos que son perfectos sino porque consideramos que sus puntos de vista pueden inspirar y ayudar mucho más que el punto de vista de unos padres que no son expertos, que solo son "experimentados" (o si quieres, viejos).

La idea de escribir este libro surgió después de unas conversaciones que tuvimos por separado con cada uno de nuestros hijos. Les preguntamos: "¿Por qué cuando tantos jóvenes de tu edad ya no creen en Dios, tú sí sigues haciéndolo?". Más allá de sus diferentes circunstancias, personalidades y maneras distintas de seguir a Cristo, cada uno de ellos dijo lo mismo:

1. Ustedes siempre vivían lo que predicaban.
2. Al acoplarse al plan de Dios para sus vidas y servir a los más necesitados, nos involucraron a nosotros y pudimos ver a Dios.

Queremos que quede claro que no somos expertos, pero al mismo tiempo deseamos compartir en este libro esos consejos que nuestros propios hijos señalaron como clave en su formación de fe. Y nuestros hijos no son los únicos que han testificado sobre esta realidad en sus vidas. Servir a otros fue y sigue siendo clave en el crecimiento de nuestra fe, entonces quizás también sea clave para ti y tu familia.

Creemos que el servir juntos como familia:

- ayuda a fomentar un espíritu de benignidad y generosidad.
- establece nuestra responsabilidad de servir a otros como familia cristiana.
- nos ayuda a crecer en nuestra fe y a depender más de Dios.
- aporta momentos de encuentro con Dios.

Lucas 6:38 dice: "*Den, y les darán a ustedes; es más, les echarán en el regazo una medida llena, apretada, sacudida y repleta. El principio es este: con la medida con la que midan a los demás los medirán a ustedes*".

Nosotros como familia queremos ayudarte a encontrar formas de poder involucrar a tus hijos de diferentes edades en el servicio y en la ayuda social. Hemos aprendido mucho en los últimos quince años desde ese primer día que fuimos al relleno sanitario en Perú. Hemos empezado una ONG que existe para alcanzar a los trescientos millones de jóvenes de América Latina con el amor irresistible de Cristo. Estamos sirviendo en cinco países en todo América y tenemos la visión de entrar a quince países más en los próximos quince años. Dentro de nuestra ONG usamos la ayuda social tanto para satisfacer las necesidades de la gente como para enseñar a los niños, preadolescentes, adolescentes, jóvenes y, por qué no decirlo, a los pastores, sobre la importancia de servir.

La meta principal de este libro no es solo proveer la justificación de por qué es necesario involucrarnos en la obra social y el servicio, sino también brindar ideas prácticas que puedas usa para involucrar a tus hijos de cualquier edad en lo que Dios está haciendo en este mundo. Estamos seguros de que cambiará a tu familia para siempre, la acercará más a Dios y vivirán sus responsabilidades en formas creativas y prácticas.

Cuatro beneficios que el servicio brinda a la familia

Hay cuatro beneficios que nos brinda el servicio y que nos ayudan a crecer espiritualmente, en realidad, el servicio en sí mismo es el beneficio. Y cuando hablamos de servicio estamos hablando de ayudar a alguien en necesidad, o alguien que está sufriendo. En primer lugar, el servicio nos ayuda ante los ataques del enemigo. En segundo lugar, el servicio nos une a Dios y a lo que Él está haciendo en este mundo. En tercer lugar, el servicio nos une como familia. En cuarto lugar, el servicio nos brinda un paso importante en el discipulado.

1 - El servicio es un arma contra el enemigo.

"Tengan cuidado y estén siempre alertas, pues su enemigo, el diablo, anda como león rugiente buscando a quién devorar". 1 Pedro 5:8

Desde el principio el diablo ha intentado arruinar lo que Dios creó. Sabemos que en el huerto del jardín Dios creó todo y que todo era bueno, pero el diablo quiso dañar lo bueno. La pobreza, las enfermedades, la depresión, el suicidio, la muerte, los huérfanos y los vagabundos no provienen del plan perfecto de Dios. Estos son los resultados de la caída del hombre y la mujer, gracias al diablo que hizo lo suyo para dañar lo que Dios creó.

Cierta vez, cuando estuvimos con algunos voluntarios evaluando y procesando el tiempo que habíamos pasado con unos huérfanos en Ecuador, una de las chicas dijo: "No puedo creer que todo el día que estuvimos sirviendo a los huérfanos no pensé en mí misma". El diablo quiere que seamos egoístas, que estemos siempre pensando en qué es lo mejor para nosotros. Pero cuando servimos a los necesitados, quitamos el foco de nosotros mismos y nos enfocamos en otros y en Dios.

Yo, Rich, he encontrado que el servicio me ayuda mucho en la batalla contra el pecado. Si quiero pecar menos, sirvo más. Cuando estoy en el basurero alimentando a algún hambriento, no tengo ni tiempo ni deseos de pecar. No hay ninguna tentación en esos momentos porque estoy mirando a Jesús "disfrazado" de necesitado. A esta idea de Jesús "disfrazado" la escuché de Tony Campolo y me gusta mucho. Mateo 25:40: *"Yo, el Rey, les responderé: Todo lo que hicieron a mis hermanos necesitados a mí me lo hicieron".*

Todo lo que hacemos como familia en la ayuda social y en el servicio a los necesitados, con la actitud correcta, es ir en contra del enemigo y a favor de Dios. Dios está con los necesitados.

2 - El servicio nos une a Dios y a lo que Él está haciendo en este mundo.

Desde la caída del hombre Dios ha estado llevando a cabo un plan de recuperación y redención para todos. A través de toda la Biblia el hilo de oro que une la humanidad a lo divino es el amor inconmensurable de Dios para con sus hijos, manifestado a través de su preocupación y cuidado de las necesidades básicas, como la comida y amparo. Durante cuarenta años Él proveyó para satisfacer todas las necesidades de su pueblo incluyendo comida, ropa, vivienda y otros elementos, mientras vivieron en el desierto.

Dios proveyó también para sus necesidades sociales dándoles instrucciones de cómo tratar a los vagabundos, los extranjeros y los pobres de la comunidad. Hasta dio provisiones especiales dando instrucciones para los que huían por haber cometido algún crimen impremeditado estableciendo ciudades de refugio. (Números 35:11).

En los años de exilio Dios también se preocupó por los necesitados enseñando a su pueblo que siempre debían hacer lo que es justo y correcto, tener misericordia, soltar las cadenas de injusticia y liberar a los cautivos. (Isaías 58:6, Jeremías 22:3 y Miqueas 6:7-9).

En el Nuevo Testamento sabemos también que Jesús vino para "buscar y salvar a los que se habían perdido". (Lucas 19:10).

En Lucas 4:18-19 Jesús nos dice por qué había venido:

"El Espíritu del Señor está sobre mí, porque me ha ungido para dar buenas noticias a los pobres. Me ha enviado para anunciar libertad a los presos y dar vista a los ciegos, para poner en libertad a los oprimidos, para anunciar el año en que el Señor nos dará su favor".

Esa es nuestra meta al hacer cualquier obra social: unirnos al propósito de Dios y al propósito de Cristo de "*dar buenas noticias a los pobres*", tanto con palabras como con hechos. Queremos unirnos a Jesús en "*anunciar libertad a los presos... dar vista a los ciegos... [y] poner en libertad a los oprimidos*".

Al comienzo de nuestra vida ministerial estudiamos el libro de Blackaby, Mi Experiencia con Dios. Una idea principal que tomamos del libro es mirar hacia donde Dios ya está obrando y ajustar nuestras vidas a lo que Él ya está haciendo. De esa forma, tenemos la bendición de estar en la presencia de Dios y verle obrar. Si quieres que tu familia experimente a Dios y sus bendiciones tienes que ver dónde Él está obrando y empezar a servir ahí. La buena noticia es que hay miles de formas de hacerlo, porque Él está trabajando con los pobres en todo el mundo.

Isaías 41:17 dice: "Cuando los pobres y menesterosos busquen agua sin hallarla, y tengan la lengua reseca de sed, yo responderé cuando clamen a mí. Yo, el Dios de Israel, no los abandonaré jamás".

Si Dios mismo no los abandona, cuánto más nosotros, sus hijos y sus familias no deberíamos abandonarlos. Nosotros y nuestra familia queremos imitar a Jesús, ¿y tú?

3 - El servicio une a la familia

A través de los años nos hemos dado cuenta de que cuando servimos en familia estamos más unidos. Esos momentos en los que nos desprendemos de nosotros mismos y nos enfocamos en los que tienen necesidad nos brindan unidad. Cuando nos quejamos por algo material que no tenemos nos acordamos de los que duermen en la basura y nos sentimos avergonzados. Nos olvidamos de nuestras "necesidades" o de las cosas que queremos. Tus hijos estarán orgullosos de su familia, y de que juntos estén peleando por los que no tienen voz. Ellos se unirán a ustedes para mostrar al enemigo que el que está en nosotros es más fuerte que el que está en el mundo (1 Juan 4:4).

4 - El servicio es un paso importante en el discipulado

Los dos mandamientos más importantes, en los cuales Jesús dijo que estaba resumida toda la ley, tienen que ver con amar a Dios con todo lo que somos, y amar a nuestro prójimo como a nosotros mismos. El servir a nuestro prójimo nos ayuda en el discipulado y en el cumplimiento de la segunda parte de este mandamiento.

Mateo 22:37-40 dice: "*'Amarás al Señor tu Dios con todo tu corazón, con toda tu alma y con toda tu mente'. Este es el primero y el más importante de los mandamientos. El segundo es similar: 'Amarás a tu prójimo con el mismo amor con que te amas a ti mismo'. Los demás mandamientos y demandas de los profetas se resumen en estos dos mandamientos que he mencionado. El que los cumpla estará cumpliendo todos los demás*".

Podemos aprender de todo en la escuela dominical, en academias bíblicas y hasta en seminarios acerca de la teología, la doctrina y la historia de la Iglesia. Pero si no ponemos en práctica el servicio con amor, resulta ser como un platillo que hace mucho ruido sin la armonía de una canción.

Como dice 1 Corintios 13:1-3: "*Si yo tengo el don de hablar en lenguas humanas o angélicas y no tengo amor, soy como un metal que resuena o un platillo que hace ruido. Si tengo el don de profecía y sé absolutamente de todo, y no tengo amor, no soy nada. Y si tengo una fe tan grande que puedo hacer que los montes cambien de lugar, de nada me servirá sin amor. Si entrego a los pobres hasta el último bien terrenal que poseo, y si dejo que me quemen vivo, pero no tengo amor, de nada me servirá*".

Ayudemos a nuestros hijos a aprender a servir como parte de su amor a Dios y a su prójimo. Es importante poder servir con amor, y no servir solo para cumplir. Por eso en este pasaje se habla de la importancia de amar a los que servimos. Aprender amar así es un paso en el discipulado cristiano. Esperamos que este libro sea de mucha bendición para tu vida y la de tu familia. Nuestra sugerencia es que encuentres la razón, la forma y el ánimo para salir de tu casa, encontrar a gente en necesidad y servirla con tu familia, así como Dios lo ha hecho desde la caída del hombre y la mujer.

Te sugerimos que utilices este libro a modo de manual. Es importante leerlo todo para que no te pierdas nada. Si tus hijos son pequeños podrías solo leer la parte para involucrar a niños pequeños, el problema con eso es que perderías las joyas que se encuentran en otras secciones y que se aplican directamente a ti o a tu cónyuge.

El libro está dividido en cuatro secciones:

Hijos pequeños involucrados en el servicio
Hijos preadolescentes involucrados en el servicio
Hijos adolescentes involucrados en el servicio
Hijos universitarios involucrados en el servicio

Cada sección contiene un capítulo que es un testimonio de cada uno de nuestros hijos. Además, veremos cómo podemos involucrar a nuestros hijos en el servicio y dónde podemos ir a servir según sus edades. Leamos cada capítulo para entender la visión macro de las familias que sirven juntas.

Tómate un tiempo para orar a Dios y pídele estrategias para poder involucrar a tu familia en el servicio. ¿Qué es lo que Dios te está diciendo? ¿Cómo podrían servir juntos a los favoritos de Dios, a los más necesitados? Al terminar este libro sabrás cómo involucrarte tú y tu familia en formas prácticas que los transformarán.

¿Por qué es importante enseñarles a nuestros hijos a involucrarse en la obra social?

(por Rich Brown)

CAPÍTULO 1

"No todos podemos hacer cosas grandes, pero sí podemos hacer cosas pequeñas con gran amor". **Madre Teresa**

Cuando tenía diecisiete años me encantaba jugar deportes, especialmente fútbol y básquet. Asistía a un colegio de hijos de misioneros porque mis padres eran misioneros en Ecuador. Allí servían para alcanzar a una clase de personas que pocos alcanzaban: la clase alta o privilegiada. Ellos me enseñaron que se puede llegar a todas las personas siendo genuinos y auténticos y no fingiendo ser lo que no somos.

En el colegio tuvimos diversas oportunidades para servir. Tengo buenos recuerdos yendo a la ciudad los domingos y dirigiendo cultos para diez o veinte personas en una comunidad pequeña. Elisa, hoy mi esposa, iba con nosotros y dirigía la música y yo predicaba o enseñaba la Biblia. Eso fue una buena práctica para mí, que después decidí ser pastor y misionero, y para ella, que hoy canta en una banda cristiana.

Sin embargo, pocas cosas me impactaron tanto como cuando mi papá me llevó con el equipo de fútbol del colegio a visitar a los hombres en el Penal Gabriel García Moreno. Esa prisión tenía celdas grandes, de unos siete metros cuadrados, pero en ella convivían entre dieciocho y veinte personas. Tres mil personas residían en esta prisión todos los días. Así lo describe el diario El Comercio del Ecuador: "El ex penal Gabriel García Moreno era el centro de rehabilitación que menos rehabilitación brindaba en el país. Los reclusos que habían entrado por drogas seguían ahí dentro por su constante consumo. Asesinos y psicópatas ocuparon aquellas celdas con una condena de regalo más que de castigo, muchos de ellos fuera del penal no tenían un techo donde pasar la noche".

Entramos para jugar un partido de fútbol con los hombres cristianos del penal. Al vernos, todos quería tocarnos, robarnos las camisetas de fútbol o nuestros shorts. La policía golpeaba a los reclusos para abrirnos camino. Cuando estuvimos adentro no podíamos creer lo que veíamos y olíamos. Olía a orina por todos lados. Nadie tenía calzado y la mayoría solo vestía calzoncillos. Finalmente entramos a una de estas celdas donde se encontraban los cristianos. Me dijeron: "Esta es la celda redimida por Cristo". Nos abrazamos con ellos como me imagino que Pablo y Silas habrán abrazado a los nuevos que entraron a la cárcel con ellos.

Después salimos a jugar fútbol. Mi papá me había advertido: "Es mejor perder el partido que perder tu vida". Salimos a jugar y perdimos 4 a 2. Los presos cristianos jugaron bien y nos ganaron bien. Pero los que miraban desde afuera, nos insultaban y nos arrojaban basura. Al terminar el partido volvimos a la celda. Tuvimos una pequeña reunión con predicación, canciones y oraciones. Habíamos entrado con comida, así que celebramos la Santa Cena y comimos también un almuerzo juntos. Cuando salimos ninguno de nuestro equipo del colegio salió con la camiseta ni con el calzado deportivo que había llevado. Regalamos todo lo que teníamos a estos cristianos de bajos recursos. Solo salimos con nuestros shorts.

¿Por qué me impactó tanto? Porque fui confrontado con una realidad que nunca había visto antes. Gente que comía dos o tres veces por semana, personas convertidas que ahora adoraban a Dios con libertad y gozo a pesar de sus circunstancias. Me di cuenta de que yo tenía tanto que agradecer a Dios y que casi nunca lo hacía. Me di cuenta de que yo tenía mucho que compartir con los que no tienen y mucho que aprender de ellos. Mi estilo de vida cambió para siempre.

Enseñar a nuestros hijos a servir es sumamente importante. Es fácil como padres sentirnos desconectados de nuestros hijos. Tenemos que trabajar, llevarlos al colegio, ir a la iglesia, atender la casa y tantas cosas más que el tiempo se nos vuela. Sabemos que tenemos que invertir tiempo con ellos y que hay cosas que pueden ayudar a unirnos como familia como jugar, hacer actividades al aire libre, cocinar juntos, etc. Pero una de las cosas más gratificantes, divertidas y productivas para unirnos tiene que ver con involucrarnos juntos en proyectos de servicio comunitario. Esto da un buen ejemplo a nuestros hijos y también a la comunidad.

Lo que los chicos aprenden al servir

Si llevamos a nuestros hijos a servir desde una edad temprana, esto podría convertirse en algo normal en sus vidas. Podría convertirse en algo que esperan y que quieren hacer siempre.

Te comparto algunos beneficios que he comprobado que el servicio les otorga a nuestros hijos:

1- Les brinda un sentido de responsabilidad. A través del servicio los chicos de todas las edades aprenden lo que significa cumplir con sus compromisos y la satisfacción que brinda el obtener buenos resultados. También aprenden que todos somos responsables por el bienestar de los necesitados que están a nuestro alrededor.

2 - Les enseña que una sola persona puede marcar la diferencia. El hecho de que ellos puedan ser tan importantes como para poder impactar a otros con su servicio, es un mensaje poderoso.

3 - Les enseña las virtudes del sacrificio. Al renunciar a un juguete para dar a un niño menos afortunado, nuestros hijos aprenden que a veces es bueno sacrificar algo que apreciamos y que hay cosas valiosas más allá de nosotros mismos y nuestras necesidades.

4 - Los ayuda a ser más tolerantes. Los proyectos de servicio atraen a chicos de diferentes comunidades, trasfondos, habilidades, etnias, edades, educación y niveles de ingreso financiero. Aprenderán que aun en la diversidad las personas pueden unirse a través de valores en común.

5 - Les otorga herramientas de trabajo para el futuro. El servicio puede ayudar a los jóvenes a decidir futura carrera. ¿Están interesados en medicina? Los hospitales y clínicas muchas veces tienen necesidades de voluntarios. ¿Les gusta la política? Pueden ayudar en una campaña local de los candidatos políticos. ¿Están interesados en la educación? Pueden servir en la escuela dominical. ¿Les interesa la psicología? Pueden servir y evaluar a los niños de la calle. ¿Les gustan los negocios? Pueden ir a un basural y ser emprendedores con ideas de cómo mejorar el estilo de vida de estas personas. Por otra parte, aprender a servir en un equipo, tomar roles de liderazgo y establecer metas, entre otras cosas, son herramientas que se aprenden al servir a otros y que les serán útiles el resto de sus vidas.

6 - Los ayuda a llenar el tiempo ocioso. En lugar de dejarlos estar con sus celulares todo el día, todos los días, es bueno desprenderlos de la tecnología y sacarlos un sábado al mes para que puedan levantar sus cabezas el tiempo suficiente como para pensar y cuidar a otros.

7 - Los ayuda a ser mejores personas. Todo el mundo critica a los cristianos por esconderse en los templos y no hacer nada por su prójimo. Servir a otros rompe esa mala fama. Cristo explica en Mateo 25 que tenemos que ser ovejas y no cabras. Tenemos que servir a los que están alrededor nuestro y en necesidad. Estamos cumpliendo con lo que Él nos manda a hacer.

8 - Los ayuda a pecar menos. Como ya dijimos, los hace estar más enfocados en el Señor y el servicio que en cualquier otra tentación.

9 - Los hace estar satisfechos con lo que tienen. Si tus hijos son como los míos, son muy influenciables por los intereses de los otros chicos a su alrededor. "Yo también quiero el nuevo celular". El servir a otros les enseña a estar agradecidos con lo que tienen.

10 - Los ayuda a ordenar las prioridades. Las cosas no son más importantes que las personas. La tecnología es espectacular y se puede usar para muchas cosas buenas. Pero mucho más importantes son las personas. El servir a otros les enseña esto.

11- Les da alegría. "*Hay más dicha en dar que en recibir*", dice Hechos 20:35, y tiene razón. Cuando damos a otros recibimos más. No conozco ninguna familia que haya salido a servir y que no haya regresado con un corazón lleno por haber servido juntos. Recibimos más al dar a otros.

12 - Los convierte en canales de bendición. La Biblia dice que todas las cosas buenas que tenemos provienen de Dios. Manteniendo esto en mente, cuando compartimos las bendiciones de Dios con otros, nos convertimos en canales de bendición hacia los que están sufriendo necesidad. Esta es una razón para adorar a Dios. 2 Corintios 9:10-11 dice: "*Porque así como Dios le da semillas al agricultor y también le da el pan que lo alimenta, así él mismo les proporcionará abundantes cosechas, para que ustedes puedan ayudar a otros. Sí, Dios les dará a ustedes en abundancia para que puedan dar en abundancia; y cuando entreguemos las dádivas de ustedes a los que las necesitan, prorrumpirán en acción de gracias a Dios*".

13 - Serán prosperados porque la generosidad se convierte en generosidad. Proverbios 11:24-25 dice: "*El que da en abundancia, recibe más de lo que dio; pero el que es tacaño, termina en la pobreza. El que es generoso, prospera; el que da a otros, a sí mismo se enriquece*".

14 - Les permitirá recibir. Imagínate que estás sosteniendo un plato grande y pesado lleno de arroz con ambas manos. Con ese plato en tus manos ya no puedes agarrar el regalo de Navidad que tu hija te está dando. Tienes que primero dejar el plato grande y pesado en la mesa y después recibir el regalo de tu hija. El mismo principio se aplica aquí: no puedes recibir cuando tus manos están ocupadas y llenas. Acumularán tesoros en el cielo

cumpliendo con los propósitos de Dios. Dar y servir en la obra de Dios dentro y fuera de la iglesia es involucrarse con lo que le hace feliz. Mateo 6:19-21 dice: *"No acumulen tesoros en la tierra, donde la polilla y la herrumbre echan a perder las cosas y donde los ladrones roban. ¡Háganse tesoros en el cielo, donde no hay polilla ni herrumbre que puedan corromper, ni ladrones que les roben!, pues donde esté tu tesoro, allí también estará tu corazón".*

15 - Les traerá humildad y combatirá el orgullo. Casi todas las familias requieren de más humildad y menos orgullo en los corazones de quienes la integran. Para que esto sea posible, se necesita de mucho servicio por parte de todos. Destinar tiempo a ayudarse como hijo, esposa, hermana o madre, les permitirá descubrir sus sentimientos más nobles y a reconocer la importancia que tiene cada miembro de la familia. De esta manera, las posibles rivalidades, por ser el mejor o el más indispensable, se terminarán de inmediato al reconocer el valor de cada uno. (www.familias.com)

16 -Incrementará el amor en la familia. El amor es el atributo más grande que tenemos. El servicio ayuda que otros nos digan, "gracias", o fomenta un "¿te puedo ayudar en algo?". Escuchar estas palabras cuando nacen de un corazón amoroso nos llena a todos en la familia. Si nos acostumbramos a servir afuera de la casa, ese amor y esa actitud de servicio también estará en el hogar. Tendremos niños, preadolescentes y adolescentes y jóvenes más amorosos con nosotros y entre ellos.

A lo largo del libro te daremos muchas ideas de dónde y cómo puedes servir como familia según las edades de tus hijos. Por ahora te adelantamos solo algunas:

-Aún los niños más pequeños pueden, con supervisión de algún adulto, ir a un parque o a la playa y recoger la basura y ponerla en los tachos de basura. Podrías unir a toda la familia un sábado domingo por la tarde, repartir bolsas de basura a cada miembro y servir.

-Podrías involucrar a la familia ayudando a reparar o renovar las viviendas de personas con bajos recursos. Los niños pequeños quizá no podrán hacer los trabajos grandes, pero pueden ayudar buscando las herramientas, la brocha de pintura, o entregando clavos al papá o a la mamá. Eso también es servir.

Hay muchas formas de involucrar a tus hijos en el servicio. Espero que puedas ver lo maravilloso que es cuando una familia sirve junta. Dios quiere que la primera institución de la historia, la familia, participe en todo lo que Él está haciendo en este mundo.

Anota abajo los obstáculos que están limitando el servicio en tu familia.

Obstáculos al servicio en familia

¿Cómo podemos vencer estos obstáculos?

¿Qué fecha será nuestro primer día de servicio como familia?
(Sugerimos que leas todo el libro primero para poner el proyecto, así que piensa en una fecha dentro de 30 días).

HIJOS PEQUEÑOS INVOLUCRADOS EN EL SERVICIO

Sección 1

Niños pequeños, grandes impactos

(por Olivia Brown Jones)

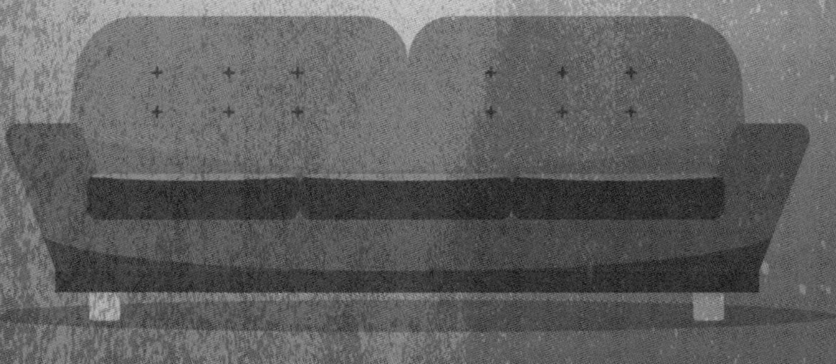

CAPÍTULO 2

"Nunca nadie se ha vuelto pobre dando a otros". **Anne Frank**

"Mucha gente pequeña, en lugares pequeños, haciendo cosas pequeñas, puede cambiar el mundo". ***Eduardo Galeano.***

Yo lo tenía todo a los nueve años: una buena familia, amigos en el colegio, amigos en la iglesia, y muchos juguetes. Mis favoritas eran las muñecas y las Barbies. Entre mi hermana y yo, teníamos como doce y siempre jugábamos con ellas en nuestra casa de Barbie. Recuerdo que esa Navidad recibí todo lo que le pedí, incluyendo una muñeca pelirroja con ojos verdes que tenía una cabeza grande, pies grandes y era pesada para que pudiera quedarse parada. En sus pies tenía unos botones que decían "Sí" y "No". Cuando la encendías, te preguntaba sobre lo que querías hacer y podías oprimir "Sí" o "No." Naturalmente, yo jugué con ella por muchas horas durante dos o tres días, y después la olvidé.

En ese tiempo mis padres se juntaban todos los miércoles por la noche con los líderes de jóvenes para tener una reunión de liderazgo. Una noche, mi padre sintió que Dios le estaba diciendo que tenía que hablar con los líderes sobre compartir lo que tenemos con los más necesitados. Para enseñar esto, primero compró algunas pizzas y las llevó al grupo. Cuando los líderes vieron la comida se emocionaron. Algunos de ellos nunca habían comido pizza antes, ya que servíamos con líderes de bajos recursos.

"¡Qué bien, el pastor nos trajo comida!", dijeron. Mi padre les dijo: "Sí, traje estas pizzas para ustedes, pero miren lo que dice Santiago 1:27: *"La religión pura y sin mancha que a Dios le agrada es esta: ayudar a los huérfanos y a las viudas en sus problemas, y estar siempre limpio sin mancharse con la maldad del mundo".* ¿Qué quieren hacer?". Ellos, como buenos líderes cristianos, respondieron: *"Mejor salgamos a entregar las pizzas a la gente que vive en las calles".*

Los líderes se separaron en grupos, llevaron una caja de pizza cada uno y salieron a buscar personas en la calle para darles pizza. Un grupo le preguntó a mi papá si él podía ir con ellos a una parte más peligrosa, donde estaban las prostitutas y drogadictos. "¿Por qué quieren ir allí?" les preguntó mi papá. "Porque ellos también necesitan comida, y sentimos que Dios nos está diciendo que vayamos a repartir nuestra pizza allí", le contestaron.

Entonces mi padre manejó hasta el barrio y les dijo que se quedaría en el automóvil (para que no se lo robaran) mientras el grupo repartía la pizza. Los líderes salieron y empezaron a repartir la pizza a unos hombres que estaban apoyados contra las paredes. Pronto más hombres y mujeres llegaron para comer la pizza, hasta que ya no quedaba ni un pedazo. Los líderes entonces subieron al automóvil otra vez. "Ya vámonos pastor," dijeron, un poco nerviosos por la cantidad de gente que habían aparecido de la nada.

De repente, los hombres rodearon el automóvil y un hombre se plantó en frente del carro y puso sus manos en el capó. "Quiero ver quiénes están en este automóvil...", dijo, y todos empezaron a temblar de miedo. Siguió diciendo: "... para que cuando estén en sus barrios o cuando regresen aquí, no les robemos". Aliviados, mi papá y los líderes sonrieron y dejaron que el hombre los estudiara por un rato. Luego los dejaron regresar a la iglesia donde se encontraron con los otros grupos que habían salido.

Mi papá había ordenado más pizzas para los líderes. Mientras comían, les preguntó qué pensaban de la experiencia que habían vivido. "Ay pastor, ¡fue increíble! Poder ver la cara de un niño iluminarse al recibir la pizza fue estupendo", dijeron. "Claro que sí, porque ustedes no pagaron por la pizza", dijo mi papá riéndose. "Pero es diferente cuando tienes que repartir algo tuyo. Por eso, para seguir aprendiendo sobre compartir con los más necesitados, siento que Dios nos está llamando a visitar el relleno sanitario (basurero) este fin de semana". Mi papá sabía que esto era importante en el proceso de discipulado para cada uno de ellos.

Algunos años antes, cuando se mudaron a Perú para ser misioneros, mis padres decidieron que siempre involucrarían a sus hijos en todos sus ministerios. Visitar el basurero no fue la excepción. En primer lugar, nos dieron bolsas grandes y nos pidieron que pusiéramos en ellas las cosas que queríamos donar a las personas de allí. Esto incluyó ropa, zapatos y juguetes. Me resultó muy difícil dar mis cosas. Podía recordar todas las veces que había jugado con mis juguetes y los buenos tiempos que había tenido con mi ropa y empecé a quejarme sobre tener que donar mis cosas. "Pero nunca juegas con estos juguetes", dijeron mis padres, "y nunca usas esta ropa". "¡Pero los quiero guardar por si los necesito!", les dije. "Éstas personas los necesitan más que tú" respondieron. "Ellos no tienen ropa limpia o juguetes enteros." De mala gana obedecí a mis padres, pero me quedé enojada.

Después de empacar las donaciones, nos pusieron la ropa más vieja que teníamos, entramos a nuestro automóvil verde y salimos para la iglesia para encontrarnos con los líderes. Mi padre les había dicho que podían invitar a algunos amigos para ir con nosotros al basurero y esperaba encontrarse con unos treinta jóvenes en la iglesia, pero cuando llegamos había como cuarenta y cinco personas esperándonos. Allí surgió el problema del transporte: ¿cómo íbamos a llegar todos? Los autobuses no pasaban por esa zona y mis padres eran los únicos que tenían un automóvil por lo que tuvimos que buscar taxis para todos.

Entonces nos encontramos con otro problema: ninguno de los taxistas sabía cómo llegar al relleno sanitario. Paramos uno, dos, tres taxis y los taxistas ni siquiera sabían hacia dónde ir. Por fin, uno dijo que no sabía exactamente dónde quedaba, pero que tenía una vaga idea de cómo llegar. Convencimos a los demás taxis para que lo siguieran y las cuarenta y cinco personas subieron a los diferentes taxis. Mi familia subió a nuestro automóvil con los líderes que cabían y seguimos a los taxis para llegar a nuestro destino.

El viaje fue más largo de lo que habíamos supuesto. Nos perdimos muchas veces intentando llegar al basurero. En el camino, decidimos parar en una tienda para comprar algunas frutas para poder darles a las personas del lugar. Compramos plátanos y bananos, mangos, manzanas y peras. Mis hermanos y yo estuvimos tentados a comerlos porque el viaje ya había sido muy largo y estábamos cansados, hambrientos y queríamos regresar a casa. Pero nuestros padres nos aseguraron que ya íbamos a llegar pronto y luego podríamos comer con el resto de la gente.

Después de manejar por casi una hora, llegamos a las afueras del basurero. Recuerdo que vi montañas de basura y un montón de comida usada con bolsas negras mezcladas entre ella. Moscas gigantes cubrían la superficie de estas montañas y algunas volaban en círculos arriba de la gente. El olor no nos llegó hasta que empezamos a manejar entre las montañas. Olía como una mezcla de animales muertos y comida podrida. Fue tan fuerte que, aunque me tapaba la nariz con toda mi fuerza, todavía podía olerlo.

En ese momento algunos de los taxistas dijeron que no querían ir más allá. No habíamos encontrado a ninguna persona entre la basura, pero mi papá insistió en que debíamos estar cerca. Sugirió ir hacia por una colina que se veía a la distancia. Después de protestar un poco, todos los taxis siguieron a mi padre.

Al pasar la colina encontramos todo un pueblo de personas trabajando en la basura. Vimos unos hombres con palos largos con clavos en la punta, vimos mujeres con el rostro cubierto, y niños, muchos niños jugando en la basura. Mi padre nos dijo que nos quedáramos en el automóvil y él salió para hablar con los hombres.

Después de algunos minutos nos indicó que podíamos salir y empezar a repartir la fruta. También habíamos traído unos materiales para lavar y cortar el cabello. Cuando salí del carro, el olor del relleno fue aún más fuerte. Intenté cubrir mi nariz con mi buzo, pero todavía era muy fuerte. Tuve que respirar solamente por mi boca para que el olor no fuera tan intenso. Pero al dejar mi boca abierta, ¡casi estaba inhalando las moscas! Hasta el día de hoy los recuerdos de esta experiencia no son para nada agradables.

Pasaban los minutos y llegaban más y más personas. Vi gente de todas las edades: madres con bebés, niños de mi edad, jóvenes, y algunos hombres. También vi los chanchos más grandes que había visto en mi vida. Parecían ponis, ¡eran gigantes! Había algunos perros también, pero parecían desnutridos, como las personas.

En ese momento sentí mucha tristeza. La gente tenía tan poco, vivía con tan poco y yo tenía acceso a tantas cosas. Pensé que eso no era justo. ¿Por qué había personas que vivían así?

Los líderes empezaron a repartir la fruta. Nos dimos cuenta inmediatamente de que no teníamos suficiente para las personas que seguían llegando. Algunos líderes que habían venido en el mismo taxi admitieron que habían comido la fruta que habían comprado en el camino. Se sintieron tan mal que salieron del basurero para encontrar una tienda y compraron más fruta para regalar. Cuando regresaron, toda la fruta fue repartida en cuestión de segundos.

Cuando la fruta se terminó, empezamos a repartir nuestras donaciones. Mis padres me dieron mi bolsa de donaciones para repartir. Todavía estaba un poco molesta por haber sido forzada a donar mis cosas y no tenía una buena actitud. Saqué uno de los juguetes de la bolsa y se lo di a un niño. Estaba metiendo la mano en la bolsa para buscar otro juguete cuando me di cuenta de la cara del niño: una sonrisa de oreja a oreja decoraba su cara. Si lo hubieras visto, hubieras pensado que había ganado la lotería.

Se lo mostró a sus amigos y a sus hermanos pequeños. Esto avivó algo en mi corazón. De repente no me sentía molesta, y quería continuar repartiendo mis cosas para ver esa misma sonrisa en las caras del resto de los niños que esperaban su turno.

Mientras repartíamos las donaciones algunos de los líderes empezaron a lavar y a cortar el pelo de los niños. El primer niño en la fila inclinó su cabeza para que pudieran mojarla con el agua que tenían a una botella. ¡Al hacerlo pudimos ver cantidades de piojos! Los chicos le lavaron el pelo y se lo cortaron y durante todo ese tiempo los piojos seguían saliendo de su cabeza. Por fin, ese niño regresó con sus padres con una cabeza limpia y sin piojos.

Mientras los líderes lavaban y cortaban el pelo, pudimos observar la rutina diaria de las personas del relleno sanitario. Cuando los camiones de basura llegaban, los hombres con los palos corrían a lado de los camiones y ponían sus clavos grandes cerca de la basura que estaba amontonada en la parte de atrás. Cuando el camión tiraba la basura, tomaban los bolsos y usaban sus palos con clavos para abrir las bolsas y buscar comida y cosas que podían reciclar. Ahí fue cuando me enteré por qué los chanchos eran tan grandes. Resulta que cuando los hombres buscaban comida en la basura, no era para sí mismos o para sus familias sino para alimentar a los chanchos. En ese basurero, alimentaban a los chanchos antes que a las personas.

Cuando me enteré de esto, recordé la historia del hijo pródigo en la Biblia, donde el hijo salió con su herencia, gastó todo, y terminó comiendo con los chanchos antes de regresar a casa. Y en ese momento me di cuenta de que nosotros podíamos ser el padre compasivo para estas familias que vivían en la basura, que nosotros teníamos el poder de hacerles sentir que tenían más valor que los chanchos. Y eso fue lo que estábamos haciendo ofreciéndoles fruta limpia y los lavados y cortes de pelo.

Cuando terminamos de repartir las donaciones y de cortar pelo, nos subimos de nuevo a los automóviles. Algunas de las personas del basurero se pusieron visiblemente tristes. Cuando mi papá les preguntó por qué, dijeron que otras personas habían venido y habían repartido donaciones y comida, pero después nunca habían regresado y pensaban que nosotros haríamos lo mismo. Mi padre les aseguró que éramos diferentes, pero las personas dijeron que no lo creerían hasta que regresáramos.

Al salir del basurero recuerdo que uno de los líderes miró su hombro y vio un piojo muerto. Mi mamá lo sacó, y una vez lejos de los ojos de las personas del lugar empezó a chequear el pelo de mis hermanos y el mío para asegurarse de que no tuviéramos piojos. Habíamos tenido piojos antes y no fue una experiencia agradable. Gracias a Dios, solo encontramos algunos en las manos de los que habían lavado y cortado el pelo.

El viaje de regreso a casa fue silencioso. Todos estábamos reflexionando sobre la experiencia. Algunos lloraron durante todo el viaje. Yo sabía que algunos de los líderes no tenían muchos recursos económicos. Algunos vivían en una casa de una sola habitación con el piso hecho de tierra y lo compartían con sus familias. Me imagino que ellos habían pensado que eran pobres. Muchos de los líderes, y personas que vivían en Trujillo en general, ni siquiera sabían que había gente que vivía en el basurero. Sin duda fue una experiencia aleccionadora para todos nosotros.

Mis padres y los líderes de la iglesia cumplieron su promesa y visitaron el relleno sanitario frecuentemente. Hicieron un programa de Escuela Bíblica de Vacaciones y regresaron para celebrar Navidad. Los líderes empezaron a preguntar a la comunidad sobre sus necesidades y cómo podían ayudarles. Empezaron consiguiendo certificados de nacimiento para los niños para que pudieran asistir al colegio. También mis padres junto con uno de los líderes empezaron una guardería donde los niños pueden comer, hacer actividades después de la escuela y aprender sobre Jesús. Unos años después, los jóvenes empezaron un ministerio en las afueras del basurero donde hacen programas para los niños y les enseñan a las madres cómo tejer con bolsas plásticas. Usan este ministerio también para dar talleres sobre problemas familiares y cómo solucionarlos. Otro ministerio que empezaron fue uno de sandboarding y floorboard, donde los niños son discipulados a través de estos deportes.

Desde que empezaron estos ministerios, la población que vive en el basurero ha disminuido. Los niños que vivían allí ya han crecido, y algunos se fueron a la universidad, se recibieron y empezaron a trabajar en sus especializaciones. Algunos decidieron quedarse para ser voluntarios o tutores en los ministerios a los que asistían cuando eran niños.

¿Y yo?

Han pasado quince años desde que visitamos el basuural por primera vez.

Desde entonces, mi familia y yo regresamos regularmente para repartir donaciones, ser voluntarios en los ministerios o para llevar a un grupo de locales o extranjeros a visitar el botadero. La última vez que fui al relleno fue hace dos meses, y aún me impacta ver a las personas que siguen viviendo allí porque no tienen otro lugar para vivir.

Cuando entré a la secundaria, me junté con algunos grupos voluntarios de la escuela para ayudar a más personas necesitadas. Uno de ellos fue un grupo que visitaba un hospital para niños. Cada miércoles íbamos a este hospital y hacíamos programas para los niños como crear animales con globos, hacer obras de teatro y contar historias bíblicas. Me rompió el corazón ver a tantos niños sufriendo por diversas enfermedades o por huesos rotos (algunos por accidentes, algunos no). Pero nunca olvidaré las sonrisas que me dieron al ver los globos y su asombro cuando los convertíamos en animales. Y cuando me preguntaban cuánto tenían que pagar, siempre era un privilegio ver su alegría al saber que era un regalo.

Pero mi tiempo como voluntaria no se terminó cuando me fui a Estados Unidos para asistir a la universidad. Muchos piensan que no hay muchos niños en necesidad allí, pero mi iglesia se dio cuenta de que había una comunidad muy pobre en las afueras de la ciudad y empezaron un programa para los niños que vivían allí. Entonces yo fui una de las maestras para los niños de siete años. Les enseñé historias bíblicas, hicimos artesanías y cantamos canciones.

Cuando conocí a mi esposo, una de las cosas importantes que buscaba era que mi marido también tuviera un corazón deseoso de ayudar los más necesitados. Gracias a Dios encontré al hombre con el corazón más grande y misericordioso del mundo. Ahora juntos servimos a los demás abriendo nuestra casa para los que lo necesitan. Hoy tenemos a un amigo ciego viviendo con nosotros porque su discapacidad no le permite tener un trabajo, entonces no puede ganar dinero para vivir o comer. A él no le gusta depender de otros, pero le hemos ayudado a entender que a veces hay que aceptar ayuda.

Hoy en día no me cuesta tanto donar mis cosas a los más necesitados. Cuando mi iglesia anuncia que están buscando donaciones para niños que no tienen ropa para el invierno, o que una escuela cercana busca donaciones de útiles escolares, de inmediato empiezo a pensar en las cosas que tengo en casa que puedo donar. ¿Y si no hubiera aprendido lo importante que es ayudar a mi prójimo? Quizás hoy no donaría mis cosas, o no sería voluntaria en mi iglesia ni en mi comunidad. Es increíble cómo una experiencia puede afectar y formar el resto de tu vida.

¿En realidad lo tenía todo cuando tenía nueve años? Sí, pero no en la forma que pensé (con cosas materiales de este mundo), sino que tenía el poder de hacer una diferencia en el mundo, y lo estoy haciendo con la ayuda de Dios.

Niños pequeños, grandes agentes de Dios

¿Cómo enseñarles a mis hijos pequeños a involucrarse en la obra social?

(por Elisa Shannon Brown)

CAPÍTULO 3

"Porque para ustedes es la promesa, y para sus hijos, y aun para los que están lejos, pues es para todos a los que el Señor nuestro Dios llame". **Hechos 2:39**

¡Cómo me encanta escuchar a mi hija Olivia contar la historia de nuestra llegada al relleno sanitario! Desde la mirada de una niña de nueve años, me fascina ver cómo Dios usó un evento para hablarle a toda nuestra familia. No fue una idea fríamente calculada la de llevar a nuestros hijos al basurero, pero Dios la impulsó, y vimos que fue un momento de gran crecimiento espiritual en la vida de nuestros hijos y en la nuestra también.

De vez en cuando Rich y yo nos encontramos con alguien que comienza a elogiarnos por nuestra familia. Como dice la Biblia en 3 Juan 1:4: *"Para mí no hay mayor alegría que la de oír que mis hijos viven de acuerdo con la verdad"*, y es lindo escuchar esas palabras, pero también rápidamente explicamos que no somos una familia perfecta, que no todas las decisiones que tomamos, o que toman nuestros hijos son perfectas. Lo que sabemos muy bien es lo que enseña Isaías 64:6: *"Estamos completamente contaminados e inmundos de pecado. Todas nuestras buenas obras son como inmundos harapos. Como hojas de otoño nos decoloramos, nos marchitamos y caemos. Como viento, nos arrastran nuestros pecados"*. ¡El verdadero milagro ocurre cuando hacemos algo que tiene buenos resultados!

De hecho, para ser honestos, no estamos seguros cómo es que formamos el valor de servir como familia. Se supone que nosotros somos parte de la "Generación X". Nuestra generación llegó después de los "Baby Boomers, conocidos por establecer metas y alcanzarlas. A la "Generación X" se la conoce como los "vagos, enojados y preocupados". Es obvio entonces que cualquier cosa buena que salió de esta familia es por la gracia de Dios y ¡nada más! Podemos también agradecer a Dios por los padres que nos dio. Los dos venimos de padres misioneros. Ellos sintieron compasión por las naciones, e invirtieron toda su vida en ayudar a su prójimo. Vimos esa actitud en ellos y admiramos las huellas que dejaron en tantos jóvenes y estudiantes. En la secundaria tuvimos la oportunidad de servir como estudiantes, y lo hicimos porque era el ejemplo que habíamos visto. Supongo que es por eso que al nacer nuestra primera hija Olivia, ya sabíamos que el servicio en familia iba a ser un valor importante para nosotros.

Ahora que nuestros hijos ya son más grandes (todos son mayores de dieciocho años), hemos estado leyendo mucho sobre la importancia de enseñarles a los chicos a servir desde que son pequeños y hemos visto que de lo que se habla en mayor medida es de la empatía. Los niños que tienen empatía llegan a ser adolescentes y jóvenes responsables por sus acciones, suelen tomar más posiciones de liderazgo y son innovadores en sus pensamientos. Esa empatía se puede fomentar mucho más cuando nuestros hijos están sirviendo.

Hemos leído también que el involucrar a los hijos en edad preescolar y escolar en el servicio a su comunidad crea confianza, autoestima fuerte y un mejor sentido de vida, además de que genera hábitos que perduran toda la vida. También está demostrado que los niños que sirven a su comunidad son más exitosos como adultos y crecen espiritualmente. (kidshealth.org; whitbyscholl.org).

Hay muchos casos de niños que no solamente han inspirado a otros, sino que han podido movilizar a su generación a servir. En Inca Link, la fundación que comenzamos mi esposo y yo, vimos esto de primera mano a través de Julia, una niña de ocho años que inspiró a toda su iglesia y su comunidad, y los movilizó para recaudar fondos para nuestros ministerios en el basurero de la ciudad. Ella vive en Canadá y escuchó una prédica y vio imágenes de nuestro ministerio allí en el basurero. El corazón de Julia se quebrantó al pensar en los niños de su edad que tenían que buscar en la basura para poder comer, e inmediatamente sintió la urgencia de ayudar. Comenzó vendiendo cupcakes para recaudar fondos para enviar a Inca Link y luego hizo una presentación en su escuela a la cual asistieron no solo los estudiantes de su grado, sino también estudiantes de secundaria y profesores. También fue su tía Jen. En la presentación, mostró el video del basurero y muchos se conmovieron. Como resultado, muchos de la escuela participaron en la recaudación de fondos, su iglesia realizó un convenio para colaborar con Inca Link a largo plazo, y el broche de oro es que su tía Jen ha servido en Perú y Ecuador los últimos cinco años en estos ministerios. En esta historia vemos que Julia a los ocho años ya tenía al Espíritu Santo trabajando en su interior y que lo escuchó; sintió la carga de ayudar, obedeció esa carga, y con su servicio y ejemplo, inspiró a muchos más, no sólo de su edad, sino también a los adultos que estaban en su vida.

Así como vemos que hay muchos beneficios que no son netamente espirituales para los niños que sirven a sus comunidades, hay más estudios que demuestran la importancia de servir desde una temprana edad para el desarrollo espiritual. Ahora sabemos que hay que capitalizar la fe de nuestros hijos en oración y servicio. Entre los nueve y los once años los niños pueden tener una vida de oración y de fe mucho más grande que la nuestra.

Esto no es nuevo, Jesús mismo enseñó en Mateo 18:2-6 que "Jesús llamó a un niño de los que andaban por allí y lo sentó en medio de ellos. Entonces les dijo: "*Si no se vuelven a Dios, arrepentidos de sus pecados y con sencillez de niños, no podrán entrar en el reino de los cielos. En otras palabras, el que esté libre de altivez como este niño tendrá un puesto importante en el reino de los cielos. El que reciba en mi nombre a una persona así, a mí me recibe. Pero al que haga que uno de mis creyentes humildes pierda la fe, mejor le sería que le ataran una roca al cuello y lo arrojaran al mar*".

Sin embargo, años atrás, en las investigaciones y aún en la práctica de la iglesia, los niños eran vistos como participantes de "segunda categoría". Incluso en muchas iglesias sólo se contaban los adultos como asistentes. Realmente no veíamos a los niños como participantes del cuerpo de la iglesia.

Quizás han oído la frase: "Los niños cristianos no reciben un Espíritu Santo junior, reciben el mismo Espíritu Santo que los adultos". ¿Creemos esto? Si es así, tenemos que escucharlos al comunicar lo que sienten y lo que el Espíritu Santo los está impulsando a hacer. Jesús enseñó que tenemos que tener fe como los niños, que ellos son el ejemplo de una fe que transforma. Pobre de nosotros si no tomamos en serio estas palabras de Jesús y no fomentamos en ellos momentos para escuchar la voz del Espíritu Santo, y obedecerlo.

Lo he dicho mil veces y lo vuelvo a decir: es fácil tomar decisiones personales y responsabilizarme de mis "riesgos" al obedecer a Dios; pero cuando mis hijos quieren hacerlo, de repente los riesgos me parecen mucho más grandes, y empiezo a dudar de que Dios pueda hablarle a un pequeño. Pero la frase anterior es real y es verdad. El mismo Espíritu Santo que mora en nosotros y nos guía para actuar, es el que mora en la vida de nuestros hijos cristianos y los guía. No podemos enseñarles a ignorar al Espíritu Santo y a vivir haciendo caso más al temor que a la compasión que Dios les ha dado. ¡Todos esos impulsos para hacer el bien vienen de Dios! Filipenses 2:13 dice: "*porque es Dios el que les da a ustedes el deseo de cumplir su voluntad y de que la lleven a cabo*".

Todavía recuerdo esa primera visita al basural y todos los sentimientos que teníamos en el viaje de regreso a casa con mis hijos. A pesar de luchar procesando todo lo que sentía y había visto en esa visita, podía ver que mis hijos también estaban pensativos, procesando lo que ellos habían experimentado.

Es interesante saber que los niños desde los siete años ya quieren involucrarse en la comunidad, quieren participar en algo más grande que sus propios deseos. Los niños sanos creen que pueden hacer algo para mejorar la vida de otros y no tienen los temores que nosotros tenemos como adultos. Como padres, debemos ser sabios y no sofocar esos deseos y sueños de nuestros hijos. Esta es la edad en la que sienten que todo lo que imaginan puede llegar a ser realidad.

Ahora bien, es importante saber que nosotros como padres de millennials y de la Generación Z hemos recibido duras críticas por haberles enseñado a nuestros hijos que "todo lo pueden lograr". Dicen que criamos a niños no realistas que llegan a deprimirse porque se les enseñó que todo lo podían lograr sólo por tener el deseo de lograrlo. Tenemos que ser sabios. ¿Queremos que nuestros hijos sientan que puedan conquistar grandes desafíos? ¡Claro que sí! ¿Pueden conquistar grandes desafíos, si se lo proponen? Sí, siempre y cuando se les haya enseñado cómo enfrentar los desafíos sabiamente.

Entonces, esto requiere que a temprana edad acompañemos a nuestros hijos en sus sueños y que les mostremos poco a poco que cada cumplimiento de un sueño tiene:

1. Un plan con metas alcanzables
2. Momentos donde uno falla
3. La convicción de que nunca se van a rendir
4. La ayuda de la comunidad que les rodea
5. Dependencia de Dios.

Mi esposo tiene una prédica muy práctica tomada de Marcos 6:30-44 (cuando Jesús alimenta a los cinco mil). En esa historia Jesús y sus discípulos están con la multitud, tan cerca como para poder oír el gruñido de los estómagos de la gente. Ellos sabían que tenían hambre, porque estaban con ellos y compartían esa necesidad de comer. *Reconocían las necesidades de la multitud.* Para ayudar a nuestros hijos pequeños a involucrarse en el servicio a la comunidad, en primer lugar, no podemos tener miedo de la comunidad que nos rodea. Tenemos que acompañarlos y ser parte de la comunidad, reconocer sus necesidades y así saber cómo servir de maneras prácticas.

Como madre, dudé mucho cuando supe que íbamos a participar en servir a una comunidad en el basurero de la ciudad. Como adulta estaba dispuesta a ir y correr los riesgos de enfermarme, de que me roben, etc. Pero, así como el servicio en familia era un valor para mí, también lo era, y sigue siendo, el proteger a mis hijos de enfermedades y traumas. Entonces me preguntaba: "¿Y si al llevar a mis hijos al basurero estoy poniendo a prueba al Señor?". Me encantaría poder darles la respuesta correcta, pero en cada situación, una vez más nos toca como padres ser sabios y tomar decisiones para el bien de nuestros hijos. En esa ocasión opté por llevar a mis tres hijos más grandes, porque sabía que tenían todas sus vacunas, que eran lo suficientemente grandes como para tener cuidado de dónde pisaban, de lo que se llevaban a la boca, y más o menos sabían cómo lavarse las manos. La más pequeña, que sólo tenía dos años, todavía no tenía estas capacidades, entonces ella se quedó en casa.

Como bien describe Olivia en el capítulo anterior, ni bien salimos del basurero y de la vista de la comunidad que allí vivía, hice una buena inspección en mis hijos, sacando piojos, desinfectando sus manos y asegurándome de que no habían traído nada con ellos que les podía enfermar. Podríamos haber ido sin nuestros hijos, claro, pero la comunidad hasta hoy se acuerda cómo confiamos en ellos con nuestros hijos, y, por ende, ellos confían en nosotros también con sus hijos. Además, las mamás del basurero me rodeaban para darme indicaciones de cómo cuidar a mis hijos de las enfermedades que se encontraban en el ambiente. Al haber traído a mis hijos, vi en ellos una compasión, un interés real en enseñarme cómo cuidarlos en ese ambiente. Teníamos algo en común y compartimos ese corazón de madre. Ellos vieron que éramos gente de familia. Nuestro personal de Inca Link y los misioneros ahora tienen a sus propios hijos sirviendo junto con ellos.

En esta historia Bíblica, después de reconocer las necesidades de la multitud, los discípulos reconocieron los recursos que tenían. Se hizo una investigación de los recursos que había para poder ayudar a la comunidad en su necesidad. En este caso hubo un niño con cinco panes y dos pescados (Juan 6:9). Nadie sabe la edad exacta de este voluntario, pero se describe como un niño. A Dios le encanta usar lo débil para avergonzar a los poderosos (1 Corintios 1:27). ¡Dios quiere usar a nuestros hijos! Nos toca como padres ver los recursos que tenemos en nuestros hijos. ¿Cuáles son sus talentos? ¿Qué les gusta hacer? Esas son las cosas que Dios puede y quiere usar. No importa si son solo cinco panes y dos pescados. En nuestra experiencia la necesidad siempre es más grande que los recursos que tenemos. Pero así es como Dios se glorifica. Y son en estos momentos en los que más vemos la grandeza y la gloria de Dios. Démosles a nuestros hijos estas oportunidades de entregar los recursos que ellos tienen, para ver cómo Dios los multiplica. ¡Estos son momentos para tener encuentros con un Dios viviente y poderoso!

Siguiendo con la historia de Marcos 6, aunque los discípulos dudaban de lo que se podía hacer con solo cinco panes y dos pescados, igual el niño entregó lo que tenía. Puede que, como padres, veamos a nuestros hijos como demasiado pequeños o débiles para que Dios los use en el servicio, pero al repasar las historias bíblicas que tanto amamos, podemos ver este patrón: a) una situación imposible; b) un voluntario débil; c) una entrega a Dios d); un milagro de Dios. Entreguémonos a Dios, y dejemos que nuestros hijos se entreguen también a Él y a su servicio.

Después de reconocer las necesidades y los recursos que tenemos como familia, tenemos que reconocerlos delante de Dios. Presentemos los recursos de nuestros hijos y de nuestra familia delante de Dios en oración. Después de investigar lo que tenemos como recursos hay que orar y pedir a Dios que los multiplique. Eso podría mostrar la diferencia entre un talento y un don. Si lo presentamos delante de Dios estamos reconociendo que Él nos dio esa habilidad y lo queremos usar para Él. Al orar como familia y presentarle a Dios los recursos podemos descansar en Él para hacer la obra.

Finalmente, al servir con nuestros hijos, al dejarlos a ellos entregar sus talentos, sus habilidades para el bien de una comunidad, y orar, enseñémosles a reconocer quién es el que realmente hace la obra, quién produce el crecimiento y el milagro. Nuestros hijos tienen que reconocer desde chiquitos que los milagros que ven no son realidad por los talentos que tienen, sino porque entregaron esos talentos para que Dios los multiplique y para que lleguen a ayudar toda una comunidad. Esto es una realidad en la vida de todo siervo. Que aprendan desde chiquitos que Dios puede usar lo débil para hacer algo grande, ¡sí!, ¡y que eso débil en las manos de Dios es fuerte! Separados de Dios, no somos nada, y nuestro servicio no es nada.

¿Cuáles son las necesidades principales en tu barrio o comunidad? _______

____

____

____

____

____

____

¿Cuáles son los recursos que tiene cada integrante de tu familia? Piensa en dones, talentos y habilidades que cada uno tiene para poder servir en el barrio o comunidad donde se encuentran. Aquí hay que ser creativos: piensa en arte, música, oración, tiempo, deportes, empatía, estudios de la Biblia, decoración, lluvia de ideas, etc.

____

____

____

____

____

____

No olvides presentar estos recursos familiares ante Dios. ¿Cuándo podrían presentar cada don, talento y habilidad de cada miembro de la familia a Dios? Pon una fecha y pide a cada miembro de la familia que ofrezca sus recursos al Señor. ____

____

Dios hace los milagros. Pon una fecha donde sólo agradecerán a Dios por los milagros que hizo y que va a hacer a través de tu familia en los lugares que servirán.

____

____

____

____

____

____

14 ideas para servir con niños pequeños

(por Rich Brown)

CAPÍTULO 4

"La hambruna mundial se está volviendo ridícula. Hay más fruta en el champú del rico, que sobre el plato del pobre". **Asad Bashir Khan**

Este capítulo es práctico y en él hay ideas para que puedan servir a los niños, a la comunidad y a los ancianos. Usa esta sección para encontrar ideas para ir como familia con tus hijos pequeños. Además de las ideas incluimos una recomendación y los beneficios familiares que podrían tener al usar esa idea. Al final del capítulo hay una guía práctica para ayudarlos a organizarse bien para servir.

1. Leer y actuar historias para otros niños

Hay muchos niños que anhelan que alguien les cuente un cuento en hogares de niños, hogares de niños especiales, guarderías, o aun en un hospital pediátrico.

Preparación:

- Buscar tres o cuatro historias de la Biblia apropiadas para las edades de los niños.
- Buscar tres o cuatro historias fuera de la Biblia apropiadas para las edades de los niños.
- Ensayar y repasar las historias escogidas con tus hijos, leyéndolas en voz alta en casa.
- Contactar al hospital, el albergue o la guardería para tener los permisos y el horario para entrar y contar o actuar las historias dependiendo la edad de los niños.

Recomendaciones:

- Sugerimos leer las historias como la de Jonás en el pez, o Daniel en el foso de los leones con niños de menores de seis años. Hay varios libros para niños que contienen estas historias con buenas ilustraciones.
- Si leer el cuento es abrumador para los chicos, los padres pueden leer la historia, y los niños que quieran pueden involucrarse participando en una actuación de la historia.
- Tener accesorios para las historias, como sábanas, sombreros o gafas, etc.

Beneficios:

- A los niños necesitados les encanta aprender nuevas cosas de parte de otros niños.
- Tus niños tanto como los niños necesitados aprenderán a leer mejor.
- A los niños les encanta participar en una historia, sienten que están entrando en un mundo de la Biblia o en la historia que usen.
- Les ayuda a tus hijos usar su creatividad para ver cómo involucrar a otros niños.

2. Crear paquetes de regalos para el hospital de niños

Estos paquetes creativos son buenos para los niños que están en un hospital. Se pueden armar en familia para niños que tienen que estar apartados de la comunidad por alguna enfermedad. Pueden ser paquetes con algún tema como: las estaciones, el mundo que nos rodea, animales del mar, Navidad, Semana Santa, Año Nuevo, etc.

Preparación:

¿Qué poner en los paquetes?

Sugerimos:

- Libros con actividades, acerca del cuerpo humano, 3D, con sonido, etc.
- Peluches pequeños y nuevos
- Burbujas
- Música para niños, canciones bien conocidas
- Bálsamos labiales de diferentes sabores
- Recipientes plásticos transparentes para almacenar los útiles (del tamaño de una caja de zapatos)
- Cuadernos de dibujos
- Lápices de colores
- Mazos de cartas para jugar al UNO, etc.
- Bolígrafos
- Tarjetas de regalo de tiendas de tu país, de tiendas de juegos, de centro comerciales, etc.
- Cosas para el cuidado del cabello (cepillos, peines, clips, moños, etc.)
- Esmalte para las uñas de diferentes colores
- Plastilina de diferentes colores

- Sonajas o sonajeros de plástico
- Medias
- Pintura para decorar tela y una camiseta blanca
- Historietas
- Globos
- Si no tienen restricciones alimenticias, golosinas, caramelos, chupetines, chocolates, papas fritas, etc.

Recomendaciones:

- Es importante organizar varios paquetes rellenos con las mismas cosas para que los niños necesitados no se peleen entre sí.
- Decidir cuántos paquetes van a armar según la cantidad de niños. Por ejemplo, podría ser para cinco niños en un solo cuarto, o para veinte niños para todo un piso del hospital.

Beneficios:

- A los niños necesitados les encanta recibir regalos de parte de otros niños. Se sienten aceptados por ellos.
- Tus niños tanto como los niños necesitados gozarán con estos paquetes.
- Les ayuda a tus hijos usar su creatividad para armar los paquetes.

La Biblia dice: *"Hay más dicha en dar que en recibir"*. Hechos 20:35

3. Servir en un orfanato

Cuando los niños sirven a otros niños más necesitados obedecemos lo que dice en Mateo 25:40: - *"Yo, el Rey, les responderé: 'Todo lo que hicieron a mis hermanos necesitados a mí me lo hicieron'"*.

Preparación:

- Recoger y organizar ropa, comida, útiles, etc., para donar.
- Preparar un programa para niños que incluya juegos, dinámicas, un pequeño estudio apropiado para la edad, música, etc. Aunque a veces las necesidades más grandes en un orfanato son ayudar en la cocina, la limpieza, etc., también hay oportunidades para pasar tiempo con los niños y es importante estar preparados como grupo de antemano para tener mayor impacto.
- Ser intencionales en cómo involucrar a tus niños y prever en qué áreas podrían servir.

Recomendaciones:

- Coordinar con la iglesia local para ver si ya tienen un ministerio con huérfanos. Si no lo tienen podrían ayudarles a marcar una diferencia en la vida de estos niños. Si ya lo tienen podrían preguntarles de qué forma pueden ayudarlos en este ministerio.
- Hablar con los encargados del albergue y preguntarles qué necesidades tienen. Si es comida, ropa, útiles escolares, etc. La idea es bendecirlos y llevar lo que sea especialmente útil para ellos.
- Ayudar a tus hijos revisar sus juguetes, ropa, útiles que podrían donar a los niños que no tienen padres.

Beneficios:

- Pocas cosas sensibilizan tanto al corazón de un niño como darse cuenta de cuánto tienen y cuántas personas tienen mucho menos que ellos. Ellos verán que algunos niños no tienen padres, o no viven con sus padres. Es importante procesar esto con tus hijos.
- El efecto del servicio es inmediato. Esos niños huérfanos mostrarán mucho interés en los visitantes y nuestra familia se sentirá también inmediatamente identificada con ellos.
- Podemos ser de ejemplo para la iglesia local para que no se olviden que Dios dice que son nuestra responsabilidad.

Cuando yo era niño mis padres me llevaron a un orfanato para jugar al fútbol con los niños. Fue lindo ver que esos niños eran igual que nosotros: niños. Incluuso jugaban mejor que nosotros. La única diferencia era que ellos no tenían padres. Cuando volvimos a casa hablamos sobre por qué Dios nos había puesto en una familia con padres y a ellos los había puesto en familias donde ya no tenían padres. Hay buenas preguntas para estudiar en la Biblia. La única justicia que nosotros encontramos fue que Dios quería que nosotros compartiéramos con los que no tenían. Hay que conversar mucho de esto con nuestros niños y ayudarlos a procesarlo.

4. Ser un compañero de hospital

Los niños que pasan largos períodos en hospitales, porque padecen una enfermedad como el cáncer, experimentan una vida muy solitaria. Esta es una oportunidad para ser amigo de alguien que está en una soledad profunda y que le encantaría tener cualquier contacto con otras personas.

Preparación:

- Encontrar un hospital de niños donde podrían ir a acompañar a uno o dos niños o niñas cada semana.
- Buscar juegos fáciles y divertidos para romper el hielo. (Uno, Tabú, Monopoly, son conocidos y divertidos).
- Saber el horario de visitas en el hospital.

Recomendaciones:

- Es bueno hacer este ejercicio cada semana o cada mes. Esto ayuda a dar continuidad a la amistad.
- No entren tristes a la habitación. Ellos ya saben que están enfermos, esta es una oportunidad para alegrarlos, reír y olvidarse por unos minutos de la triste condición en que se encuentran.
- Oren por ellos al salir y denles mensajes positivos con versículos bíblicos de apoyo, ánimo y esperanza.

Beneficios:

- Los niños enfermos se sienten acompañados.
- Empatizamos con ellos. Nuestros hijos aprenden a ponerse en el lugar de otros chicos que sufren mucho.
- Nos ayuda a ser agradecidos por nuestra salud.

5. Recoger donaciones en vez de regalos para Navidad.

En vez de recibir regalos para Navidad o para el cumpleaños de tus hijos, ellos pueden pedir que les den donaciones para luego entregarlas a alguna organización sin fines de lucro. Es una buena forma de traer conciencia y también ayudar a una organización al mismo tiempo.

Preparación:

- Hacer tarjetas con tus hijos explicando la razón por la cual no recibirán como familia regalos para esta Navidad o para el cumpleaños de uno de la familia. En esta tarjeta hay que poner la organización donde pueden donar, o dónde podrían entregarles dinero a ustedes para luego llevarlo a la entidad escogida.
- Repartir las tarjetas a las personas cercanas de la familia para que tengan toda la información de cómo donar. Es importante hacerlo con mucha anticipación ya que algunas personas compran regalos de antemano.

Recomendaciones:

- Es importante explicarles a las personas el porqué de lo que están haciendo ya que muchos se podrían sentir juzgados. Puedes explicarles que es algo que la familia está haciendo este año para ayudar a las personas en necesidad.
- Es clave que toda la familia esté de acuerdo para hacer esta idea, sino es más complicado y puede crear conflicto en tu hijo o hija.

Beneficios:

- Es una forma creativa de recaudar dinero para una entidad que está sirviendo a los más necesitados en tu comunidad.
- Enseña a nuestros hijos que las cosas, los regalos que recibimos y Navidad debería tener un enfoque más de dar a otros que de recibir.
- Enseña a los que quieren dar regalos que hay cosas más importantes que los regalos.

Un año nuestra familia aplicó esta idea. Una organización estaba recaudando dinero para hacer un hogar para adolescentes embarazadas. No recibimos regalos para Navidad ese año. Hicimos una votación para que todos estuviésemos de acuerdo y así fue. Fue muy difícil. En esos meses cenamos las comidas más baratas como fideos, frutas y verduras. Un día que estuvimos en el centro comercial nuestra hija que tenía seis años dijo: "Qué difícil es no celebrar Navidad". Ella estaba mirando un juguete que quería mucho. Le dijimos: "Es cierto, es difícil, pero imagínate las niñas que van a ser bendecidas por nuestro sacrificio". En ese momento decidimos romper la dieta que teníamos de no comer postres también y la llevamos a comer helados.

6. Llevar galletas y cartas de agradecimiento

Los bomberos, policías, militares y guardias de nuestra comunidad muchas veces sirven sin reconocimiento. Tenemos una oportunidad de demostrarles cuánto los apreciamos y que sí marcan una diferencia en nuestra comunidad. Esto puede enseñarles a nuestros hijos la importancia del servicio y de los que sirven a la nación.

Preparación:

- Buscar una receta de galletas, o comprar galletas, panes o algún tipo de torta; algo que podría gustarles a los que vamos a servir.
- Saber de antemano a cuántos hombres y mujeres vamos a servir, para saber cuántas cartas y tarjetas especiales escribiremos.

Recomendaciones:

- Diseñar y crear las tarjetas, cartas o postales para decorar en familia. Es un detalle especial cuando trabajamos como familia. También es un detalle que comunica a los que servimos que nos hemos tomado el tiempo para hacer las cosas bien.
- Se pueden crear tarjetas con cartulina, marcadores, lápices de colores y stickers.
- Buscar dos horas en las que la familia pueda estar junta creando, decorando y cocinando los deleites por entregar.

Beneficios:

- Se usa la creatividad y todos en la familia pueden participar.
- Nos ayuda a reconocer el valor que tienen los hombres y las mujeres que nos sirven.

7. Donar lentes a una organización

Algunos hospitales o clínicas que proveen servicios de oftalmología necesitan lentes. En algunos países hay indígenas que nunca han tenido lentes porque no los han podido conseguir. Esta es una oportunidad de servir a estas personas.

Preparación:

- Hacer contacto con una clínica para informarse cuántos lentes se necesitan. Hay organizaciones que pueden ayudarlos.
- Decidir y promocionar la meta de cuántos lentes necesitan.

Recomendaciones:

- Sugerimos ir a colegios, iglesias y vecindarios pidiendo a las personas que donen los lentes que ya no usan. Muchos tienen cinco pares mientras que algunos no tienen ninguno.
- Los niños son los mejores para reclutar este tipo de donaciones. Deberían diseñar un flyer o volante para que sepan a qué fundación llegarán las donaciones.

Beneficios:

- La familia se une en el proyecto para coleccionar lentes, diseñar los flyers o volantes y la estrategia para ir a los diferentes establecimientos.
- Se conoce a los vecinos y a la comunidad.

Se ayuda a las personas que no tienen buena vista y eso es muy agradable. Lucas 4:18: "*El Espíritu del Señor está sobre mí, por cuanto me ha ungido para anunciar buenas nuevas a los pobres. Me ha enviado a proclamar libertad a los cautivos y dar vista a los ciegos, a poner en libertad a los oprimidos*".

Pueden usar este versículo con la familia y evaluar lo que significa. Jesús lo usó y hoy podemos seguir aplicando sus principios.

8. Crear separadores de libros

Esta es una oportunidad de servir como familia creando y confeccionando separadores o marcadores de libros.

Preparación:

- Conseguir cartulina, marcadores, goma, escarcha, stickers, etc. para crear unos separadores excelentes y llamativos.
- Revisar unos veinte versículos Bíblicos que podrían escribir en los separadores que están haciendo.
- Separar dos horas para estar en familia diseñando y creando los separadores.

Recomendaciones:

- Recomendamos que busquen de antemano dónde van a dejar los separadores para donar. Podría ser en una biblioteca, un hospital, una sala de espera, un hogar de niños, un colegio, o en una iglesia.
- Separar un día para unirse como familia y conversar sobre cómo lo van a hacer y empiecen a trabajar con su creatividad.

Beneficios:

- Podemos usar la creatividad de nuestros hijos para armar algo lindo, llamativo e impactante para la persona que recibirá los separadores.
- Estos versículos serán leídos por personas que tienen la necesidad de escuchar esas palabras de Dios para sus vidas.

9. Campaña de recolección de alimentos

Hoy existen muchos comedores comunitarios, albergues y refugios que necesitan alimentos para cientos de niños, indigentes, adultos y ancianos cada día.

Preparación:

- Encontrar un comedor popular o comunitario, refugio o albergue que podría beneficiarse con la comida recolectada.
- Preparar flyers o volantes pidiendo la comida que necesita dicho comedor o lugar necesitado. Podría ser alimentos no perecederos.
- Repartir los flyers o volantes en las iglesias en la zona, escuelas y municipalidades.
- Fijar una fecha y lugar donde las personas pueden dejar las donaciones.
- Fijar una fecha y lugar donde irán a dejar las donaciones en el lugar necesitado.

Recomendaciones:

- Sugerimos involucrar a tus hijos en el arte del flyer o volante, en la repartición y en la entrega.
- Involucra al mayor número de organizaciones. En vez de solo anunciarlo en tu iglesia, involucra a una denominación, u otras iglesias en la zona.
- Involucra a otras familias que puedan trabajar juntas.
- Haz que esta idea sea a largo plazo, por ejemplo, pidiendo a las personas que hagan donaciones mensuales de alimentos no perecederos.

Beneficios:

- A las personas les gusta donar comida para gente que no tiene.
- Le mostrará a tu familia lo importante que es compartir lo que tenemos con las personas que no tienen.
- Unirá a la comunidad bajo un sólo propósito: llenar los estómagos de gente necesitada en la comunidad.

Isaías 58:10: "*Si dan de comer al hambriento y ayudan a los que sufren, entonces su luz brillará entre las tinieblas, y su noche será como luminoso día*".

10. Cantar y jugar con los ancianos en un hogar de ancianos

Muchas veces los ancianos se sienten abandonados y los niños les alegran la vida. Es un "ganar- ganar" el hecho de que los niños les den atención a los ancianos y los ancianos a los niños. Pueden cantar una canción o jugar con ellos. En los hogares de ancianos les encanta cantar las canciones viejas que cantaban cuando eran jóvenes.

Preparación:

- Aprender las canciones que cantarán para los ancianos.
- Tener juegos listos para jugar con ellos.
- Buscar un hogar de ancianos y pedir una cita para poder servir allí.
- Recomendaciones:
- Sugerimos involucrar a sus hijos en la elección de canciones y juegos.
- No hagan esta actividad solamente una vez; sugerimos hacerla mensualmente. Esto ayudará a que sus hijos empiecen a conocer a las personas que viven en el asilo y viceversa.

Beneficios:

- A los ancianos les encanta cantar y jugar con niños. Les hace sentir bien, sonreír y recordar su infancia. Les alegrará mucho su visita.
- Les enseña a nuestros hijos las dificultades que tienen los ancianos y que a veces necesitan ser cuidados como niños pequeños. Tenemos que tener mucha paciencia con ellos.
- Nuestros hijos aprenderán a tratar mejor a sus propios abuelos.

11. Recolectar artículos de belleza, revistas y libros para mujeres necesitadas

Hay mujeres que viven en una miseria. Nosotros tenemos un centro de adolescentes embarazadas y ellas siempre se ponen felices cuando un grupo les lleva pequeños regalos como cremas y perfumes o una revista sencilla.

Preparación:

- Crear flyers o volantes pidiendo donaciones de este tipo. Puede ser maquillaje, esmalte, perfume, revistas, libros etc.
- Repartir en iglesias, centros comerciales, parques y escuelas.
- Poner fecha límite de entrega.
- Coordinar dónde y a quiénes van a regalar las donaciones.

Recomendaciones:

- Sugerimos que escojan un lugar en el que haya muchas mujeres en riesgo. Puede ser un hospital, un centro para mujeres, un asilo o un centro de adolescentes embarazadas.
- Sería bueno que tus hijos escriban notas que acompañen a cada paquete que entregarán a las mujeres en necesidad.
- Si tus hijos tienen entre ocho y diez años pueden ofrecerse para pintar las uñas de las mujeres que no pueden hacerlo por ellas mismas.

Beneficios:

- Las mujeres que reciben los regalos estarán felices, sintiéndose mimadas, lindas y especiales.
- La familia se sentirá bien por servir a gente que realmente aprecia lo que hacen por ellas.
- El personal del hogar estará agradecido por nuestra visita y por hacer que las mujeres se sientan felices.

12. Confeccionar bufandas y donar medias nuevas

Esta idea puede unir a la familia en una manualidad que servirá a los que tienen frío y viven en la calle.

Preparación:

- Esta idea solo requiere tela tipo polar de cualquier color y un par de tijeras.
- Cada bufanda debe ser aproximadamente de 1,20m por 20cm. Calcular cuánta tela comprar en base a cuántas bufandas desean confeccionar.
- Habría que cortar los extremos de las bufandas para hacer unas borlas.
- Comprar un par de medias para cada persona.

Recomendaciones:

- Sugerimos que sepan de antemano a quiénes van a regalar estas bufandas. Que sean gente de la calle, o gente que revisa la basura afuera de nuestras casas.
- Es importante comprar medias de una talla regular para que le sirva a cualquiera.
- Tus hijos pueden escribir una nota para entregar junto con la bufanda y las medias nuevas.

Beneficios:

- El calentarse cuando tienes frío es un derecho humano. Nadie debería sufrir el frío por no tener suficiente ropa.
- Servir con esta donación será un gozo para la familia.
- Después de hacer el proyecto, encuentren un tiempo familiar para procesar lo que vivieron.

13. Establecer un proyecto de un amigo por correspondencia

Este proyecto es una buena forma de embarcar a la familia en una relación a través de cartas, correos electrónicos o correos postales con personas que están muy solas. Todos conocemos, por ejemplo, ancianos que viven solos o niños internados en hospitales que necesitan interactuar con otras personas. A través de esta idea podremos empezar una amistad familiar a través del correo.

Preparación:

- Encontrar a la persona que necesita este servicio y que se beneficiaría con este proyecto. Pueden contactarse con un hospital o a un asilo. Pregúntales: "¿Quién es la persona más solitaria a la que podríamos escribirle para empezar una relación por correspondencia?". También pueden buscar alguna escuela que tenga un programa como este en otros países. Si tienen correo electrónico se comunicarán por esa vía, y si no deberán escribir cartas como lo hacíamos antes del correo electrónico.
- Sentarse en familia y decidir con quiénes quieren compartir esta correspondencia.
- Elegir un día a la semana para dedicar un tiempo para escribir al amigo escogido. Es bueno poder seguir esta actividad durante todo el año.

Recomendaciones:

- Sugerimos que escriban a alguien que pueda responder. Nos desanimamos si nunca nos responden.
- Es importante saber la dirección a dónde enviar las cartas.
- Es importante hacer preguntas en la carta para que ellos puedan responder. Si es un anciano, pregúntenle por su infancia, su familia, cómo era esa época sin la tecnología de hoy, por su religión, etc. Si es alguien joven de otro país, pueden preguntarle por su país, qué comen, qué les gusta hacer en su tiempo libre, cómo es la escuela, etc.

Beneficios:

- Vamos a poder bendecir a una persona muy solitaria. Es posible que estas personas esperen toda la semana para recibir nuestra carta; eso será lo mejor que les ocurra en la semana.
- Enseñaremos a nuestros hijos que es importante cuidar a las personas que no tienen con quiénes hablar. Eso haría Cristo.
- Es un buen ejercicio para nosotros escribir cartas como hacíamos antes del internet.

14. Apoyo a las familias de los presos

Detrás de cada persona en prisión existe una familia que sufre cada día por su familiar que está preso. Muchos de ellos sufren depresión, tristeza y mucha vergüenza.

Preparación:

- Con tus amigos, familiares y otras familias pueden reunir alimentos, escribirles cartas de apoyo y hacerles sentir que no están solos.
- También pueden recoger juguetes y entregar a los niños que nacieron y viven en la prisión. Ellos estarán felices de tener juguetes.
- Escoger una prisión, encontrar dónde se encuentran los familiares de los presos y visitarlos para conocer sus necesidades y de esa forma ayudarles donde lo necesitan más.

Recomendaciones:

- Preparar canastas con comida, cartas, útiles y juguetes para los familiares de los presos y decorarlas como un regalo.
- Conocer los nombres de las personas de la familia para colocar nombres en los diferentes artículos que les darán. Eso los hará sentirse especiales.

Beneficios:

- Estamos cumpliendo con lo que dice Jesús en Mateo 25 de visitar a los que están presos, y vamos un paso más allá, visitando a los familiares de los presos.
- Nuestros hijos aprenderán que los marginados son personas iguales a nosotros. Cualquiera de nuestros familiares podría ir preso algún día y es bueno tener gente que se preocupa por nosotros, así como estamos haciendo por ellos.

Cuando tenía ocho años el director de nuestro colegio tuvo un accidente de automóvil y fue a la cárcel. En Ecuador, cuando hay un accidente, ambos conductores van presos hasta determinar quién tuvo la culpa y cuál es el precio que hay que pagar. Con nuestra familia fuimos a visitarlo a la cárcel y cuando llegamos nos dimos cuenta de que había muchos hombres a los que nadie visitaba. Decidimos cantar unas canciones; ellos aplaudían, les gustó la música. Pero al salir, el director del colegio nos pidió que ayudáramos a las familias de algunos de los que estaban allí adentro. Buscamos sus números de teléfonos y mis papás los ayudaron llevando comida y ropa.

Esperamos que estas ideas sirvan para unir a tu familia y motivarte a seguir sirviendo con tus hijos pequeños. Abajo puedes anotar las tres ideas más posibles según tu contexto.

Anotar tres ideas que podrían funcionar:

¿Cuáles son algunos obstáculos que tendrían que vencer como familia para servir con estas tres ideas? ¿Cómo se podrían vencer esos obstáculos?

¿Qué fechas podrían reservar para hacer estas tres ideas para servir?

HIJOS PREADOLESCENTES INVOLUCRADOS EN EL SERVICIO

Sección 2

¿Soy oveja o cabra?

(por Josiah Brown Shannon)

CAPÍTULO 5

"Es una cosa interesante el amor" —dijo la princesa. "Puede convertir a corderos en héroes, y a héroes en corderos". **James William Peercy, The Wall Outside.**

Mateo 25:31-46 nos cuenta una historia sobre dos grupos de personas: las ovejas y las cabras. Las ovejas, como Jesús las describió, son las personas que hicieron lo siguiente: *"Tuve hambre y me dieron de comer; tuve sed y me dieron de beber; fui forastero y me alojaron en sus casas; estuve desnudo y me vistieron; enfermo y en prisión, y me visitaron".* (vv. 35-36). Estas son las personas que a las que, al final del capítulo, Jesús les permite entrar al cielo. Por otra parte, las cabras son las personas a quienes Jesús les dice: *"Tuve hambre y no me alimentaron; sed y no me dieron de beber; cuando fui forastero, me negaron hospitalidad; estuve desnudo y no me vistieron; enfermo y en prisión, y no me visitaron".* (vv. 42-43).

Jesús está siendo muy claro en este pasaje: podemos servir a los que lo necesitan e ir al cielo, o podemos ignorar eso y sólo servirnos a nosotros mismos y no entrar al cielo. Esto me enfrentó con un dilema cuando tenía doce años: ¿cómo podía asegurar que era oveja cuando no estaba haciendo nada para los que necesitaban comida, alojamiento, ropa o para los más necesitados del mundo?

Esta pregunta me persiguió durante muchos años. Yo veía a mi mamá y a mi papá viajando por diferentes lugares, predicando sobre Jesús y sirviendo a los más necesitados, y aunque ellos nos llevaban a mis hermanas y a mí a servir con ellos, siempre sentía que ellos eran las ovejas, pero que yo no tenía razón para pensar así sobre mí mismo. Yo estaba presente y jugaba con los otros niños, ayudaba a darles pan y fruta, pero no sacrificaba nada para estar ahí con ellos. No nacía de mí el ir a servir, solo acompañaba a mis padres. Creía que había algo más que yo tenía que hacer para finalmente sentir paz y saber que también era oveja como mi mamá y mi papá.

Puedo recordar claramente una noche que estaba en la casa de mi abuelo y no podía dormir por estar pensando en este asunto de las ovejas y las cabras. Mis padres todavía estaban en la iglesia y mi abuelo estaba en un cuarto a lado del mío. Como toda mi familia se estaba hospedando con él, me tocó a mí dormir en el escritorio. Daba vueltas de un lado a lado, cerrando mis ojos, orando, llorando, y clamando a Dios. Más temprano, había oído a mi papá predicar otra vez sobre las ovejas y las cabras. Y otra vez no podía evadirme de la pregunta, ¿soy cabra, o soy oveja? Empecé a pensar en todas las cosas que había hecho en mi vida que podrían ser consideradas como algo que una oveja haría. Yo iba con mi papá y mi mamá a sus ministerios, servía con ellos, jugaba con los niños más necesitados y hacía todo lo que me pedían. Pero después empecé a pensar en todas las veces que actuaba como una cabra.

Mi actitud de servicio cuando estaba en un ministerio con mis padres era completamente diferente de la actitud que tenía en el colegio, con mis amigos, o en mi casa. Cuando mis amigos necesitaban algo de mí, yo no los ayudaba; yo iba al ministerio con mis padres porque ellos querían que fuera, pero yo no tenía el deseo de servir a los más necesitados. Esa noche, después de pensar en mi vida, en las decisiones que había tomado, y en cómo era mi actitud hacia el servicio, llegué a la conclusión de que era cabra. No tenía forma de negarlo, yo no quería ser cabra, pero así estaba viviendo mi vida. Yo servía con mis padres, pero sólo porque ellos me lo pedían y yo quería ser como ellos. Me había dado cuenta de que por más que fingiera ser oveja, si mi actitud no cambiaba, iba a seguir siendo cabra y me iba a ir al infierno. Como un niño de doce años, esto me aterrorizó y reconocí que algo tenía que cambiar.

Entonces, llorando, sin poder dormir, salí de mi cama y fui a hablar con mi abuelo, Milton Brown. Él es el tipo de hombre que ama incondicionalmente a todas las personas, y todo lo que hace, lo hace con su mirada fijada en Jesús. Yo sabía que, si había alguien que me podía enseñar a ser una oveja, esa era él. Entonces me fui a buscarlo. Él me vio llorando y aterrorizado, y con una de las voces más calmadas que he oído en mi vida, me preguntó: "¿Qué ocurre, mi amado hijo? ¿Estás bien?".

Mi abuelo había tenido un año muy difícil. Mi abuela había fallecido hacía unos meses atrás, y mi abuelo estaba viviendo solo por primera vez desde que se había casado con ella. Ellos habían sido misioneros en Ecuador durante cuarenta y cinco años, y habían servido a muchas personas. Como él vivía ahora en Estados Unidos y mi familia y yo vivíamos en Ecuador, no podíamos vernos tan seguido; esta era una oportunidad única para hablar con él y escuchar su sabiduría. Entonces empecé a contarle todo: le dije que pensaba que era cabra, le dije que me iba a ir al infierno, le conté que durante toda mi vida sólo había estado fingiendo ser oveja, y le pedí que me ayudara a ser una oveja como él, como mi papá, mi mamá, y mis tres hermanas.

La respuesta que me dio solo podía venir de alguien que verdaderamente sabe lo que significa ser oveja. Empezó a contarme que muchas veces nosotros como personas podemos sentirnos inadecuados, y que a veces pensamos que tenemos que hacer más cosas para ser hijos de Dios. Me explicó que Dios nos ama y que no es por las buenas obras que hacemos que podemos llegar al cielo. Para ser oveja como mi familia, era suficiente amarlo con todo mi corazón. En Santiago 2:26 dice que *"la fe sin acciones está muerta"*. Eso me hacía pensar que las obras tenían la misma importancia que mi fe. Pero mi abuelo me enseñó que primero viene la fe, y cuando tenemos la fe, las obras vendrán. Después de amarle con todo mi corazón, Él me dará la energía para seguir sirviéndole a Él y a los más necesitados. Las obras no vienen de mi propio poder, sino del poder de Dios; con un corazón agradecido podré servir los necesitados como nos ha pedido Dios.

Yo podía seguir fingiendo ser oveja y sólo preocuparme por la parte que se ve, por mi comportamiento, pero sería un esclavo de las obras. Cuando verdaderamente comenzara a fijar mis ojos en Cristo, sin preocuparme si las cosas que hago me van a pagar el boleto al cielo, es ahí que por fin iba a poder ser la oveja que tanto anhelaba ser.

Esta respuesta comenzó a cambiar mi forma de vivir. Desde entonces, ya no tuve que preguntarme si estaba haciendo lo suficiente para llegar al cielo. A lo contrario, necesitaba enfocarme en Dios y seguirle con todo mi corazón. Tuve la oportunidad de hablar con mis padres la noche siguiente y escuchar su sabiduría también. La oración de ellos siempre ha sido que yo viva mi vida amando a Dios con todo mi corazón, con todo mi ser, todas mis fuerzas y toda mi mente, lo que Jesús cita como el mandamiento más importante. El segundo mandamiento es amar al prójimo, y siempre nos han enseñado que debemos amar a todos como a nosotros mismos. Yo entendí que debía amar incluso al prójimo que no quería amar. Mis padres nos ayudaron amar a nuestros prójimos, dándonos oportunidades para servir a las personas que ni siquiera reconocíamos como nuestros prójimos. Yo siempre quería ayudar con dinero o más comida o mejores cosas, pero no tenía esas cosas para ofrecerles. Me tomó varios años entender que si lo único que podía hacer para las personas era amarles, eso era lo que tenía que hacer.

Desde esa noche tengo una pasión más grande por servir a las personas. Esto no viene de mí, ni de mi abuelo, ni de mis padres. Esto viene de Dios y del amor incondicional que tiene por mí. Desde ese día he buscado diferentes formas de seguir sirviendo a mis prójimos mientras fijo mi mirada en Jesús.

Una de las veces que más me costó demostrar amor fue cuando fui a visitar a mi abuelo materno en Canadá. Él se llama Jack Shannon, y también fue misionero junto con mi abuela durante cuarenta y cinco años en Argentina. Él también siempre ha sido un increíble hombre de Dios, muy inteligente, amable y siempre ha buscado hacer lo correcto. Siempre sentí un vínculo muy especial con este abuelo porque estuvo conmigo cuando nací. Es el único parto al que pudo asistir, y mi mamá me cuenta que al principio se quería ir, pero mi mamá no lo dejó. Él se quedó orando y animando a mi mamá. Fue el segundo en llevarme en sus brazos y se quedó maravillado. Disfruté con él yendo a la playa, viéndole cantar sus canciones irlandesas, y escuchando sus risas imprevistas (era un académico serio, pero cuando se reía, se reía con todo).

En 2007, fue diagnosticado con Alzheimer, por lo cual poco a poco, empezó a perder la memoria. En 2015, estaba tan mal que tuvo que comenzar a vivir en un hogar donde recibía cuidado especializado las veinticuatro horas al día. Mi abuela ya no podía cuidarlo, estaba muy frágil físicamente y además pasaba momentos muy perturbadores porque ni siquiera reconocía a mi abuela y eso le causaba miedo.

En 2016, mi hermana Mishayla y yo decidimos ir un fin de semana a visitar a mi abuela. Mi abuela es una persona increíble. Ella cuidó a mi abuelo durante trece años mientras él tenía Alzheimer y además enseñaba español a personas de su iglesia, era voluntaria para traducir para los turistas que venían a las cataratas de Niagara, servía en varios comités de la iglesia, y tocaba el piano en la iglesia, y en diferentes grupos. Cuando mi abuelo tuvo que ir al hogar, ella siguió con su ritmo de tareas, pero además agregó ir a visitarlo todos los días que el clima se lo permitía. Hasta el día de hoy va al hogar y toca los viejos himnos y las canciones de su época para los ancianos. Siempre nos da tanta alegría poder visitarla, porque como vivimos tan lejos, es un momento especial cuando nos reunimos otra vez. Además, nos hace nuestras comidas favoritas, y siempre está cosiendo algún edredón o algo especial para regalarnos.

Ese año llegamos con Mishayla a su casa un viernes por la noche, y ella nos dijo que, si queríamos, podíamos ir a visitar a nuestro abuelo al día siguiente. Decidimos que sí. Cuando nos encontramos con él, fue como si todo hubiera comenzado a moverse en cámara lenta. No nos reconoció y todo lo que hacía le tomaba más tiempo. Comencé a sentir que ya no sabía cómo hablar con él, y mucho menos cómo amarle. Estaba incómodo, y solo quería salir de ese lugar.

Como ya dije, mis padres siempre se esforzaron para que mis hermanas y yo pudiésemos servir al lado de ellos. Hay muchas historias de cómo nosotros íbamos con ellos a basureros, orfanatos, escuelas y calles para hablar con las personas y brindarles nuestro amor. Pero ese día, con mi abuelo, fue más difícil que todas esas obras que hacía con mis padres, era diferente. Él no era un niño que recién conocía, que no tenía dinero o casa. Él no era una niña que vivía en un orfanato porque sus padres habían fallecido. Él era mi abuelo. ¡Mi abuelo! Yo había tenido una relación con él durante toda mi vida, y ahora ni siquiera me reconocía. No se acordaba ni de la pregunta que alguien le había hecho tres minutos atrás. ¿Cómo podría amar a alguien así? ¿Por dónde comienzo? ¿Cómo puedo amar a alguien con quien no puedo comenzar una relación porque no me va a recordar?

Cuando hablamos de los "más necesitados" hablamos de personas que tienen una desventaja en su vida. Puede ser física, psicológica, económica, etc. Yo no me había dado cuenta de cuántas desventajas tenía mi abuelo ahora. Yo estaba en una posición en la que nunca antes había estado. Tenía que recordar cómo tratar a los más necesitados como me habían enseñado mis padres, pero esta vez lo tenía que hacer con alguien que ni siquiera reconocía lo que estaba haciendo por él. Entonces comencé sólo a hablar con él. No era una conversación normal, y la mayoría de las veces tenía que repetir la misma pregunta cinco y hasta diez veces, y cada vez la respuesta era diferente. Esto me enseñó que puede haber diferentes tipos de personas "más necesitadas" a mi alrededor, pero la forma en que las amo no necesita cambiar.

Esta experiencia para mí fue muy impactante. Sé que mi abuelo no se acuerda de esa conversación que tuvimos y que nunca la va a recordar. Pero la forma en la que, tal vez por sólo cinco segundos, él pudo tener una conexión conmigo, por primera vez en años, es algo que nunca voy a olvidar. Mi abuela me contó que cuando le hice preguntas en español, había sido la primera vez que había hablado español desde que estaba en el hogar. Si no era impactante para él, por lo menos lo era para mi abuela, quien siempre se alegra de ver feliz a mi abuelo. Fue un momento inolvidable en mi vida, porque mi abuela, que es una de las mujeres más increíbles que conozco, me dijo que yo la había ayudado a ella ese día. Eso me ha dado confianza porque sé que si hasta yo, un chico que sólo tenía dieciocho años en ese momento, podía ayudar de alguna manera a una de las personas más increíbles del mundo, Dios me dará lo que necesito para amar a todos los más necesitados.

Estos dos recuerdos con mis abuelos me han cambiado la perspectiva para vivir mi vida. Ya no me preocupo si estoy haciendo lo suficiente para entrar al cielo, y siempre me alegra recordar que tengo una familia increíble que me ha ayudado a entender la mejor manera de vivir mi vida. Y no me refiero solo a mi mamá, mi papá y mis hermanas, sino también a mis abuelos y abuelas que me han dado mucho de su sabiduría. Estoy eternamente agradecido de poder estar en una familia que me ha enseñado tanto y me han demostrado cómo el servicio a través del ministerio puede ayudar a la gente.

Sé que en el futuro volveré a encontrarme en situaciones en las que no sabré cómo actuar. Lo que me da paz es saber que, si amo a Dios con todo mi corazón, todo mi ser, todas mis fuerzas y toda mi mente, y a mi prójimo como a mí mismo, Dios me dará la sabiduría para saber cómo amar de la mejor manera a la persona con quien esté. Ya no tendré que preguntarme si soy oveja o cabra, porque sabré que sólo con amar a Cristo, Él me dará todo lo que necesito en este mundo.

La preadolescencia: un despertar de emociones

¿Cómo enseñarles a mis hijos preadolescentes a involucrarse en la obra social?

(por Elisa Shannon Brown)

CAPÍTULO 6

"La adolescencia es un nuevo nacimiento, ya que con ella nacen rasgos humanos más completos y más altos". **G Stanley Hall**

Al entrevistar a familias con preadolescentes, es interesante notar que en esta etapa hay un patrón que se repite, que es el miedo. Y el miedo más común es a ir al infierno o a no ser un cristiano real. Al leer el capítulo anterior de mi hijo, vemos claramente que se estaba despertando en él un deseo de querer obedecer a Dios, de ser alguien que participe activamente en ayudar a otros, en servir a otros, no sólo porque la familia lo estaba haciendo, sino porque empezaba a sentir una responsabilidad individual.

¡Qué responsabilidad nos da este nuevo despertar! En esta etapa queremos entonces estar atentos a lo que está pasando en el interior de nuestros preadolescentes y a la vez capitalizar estos nuevos sentimientos y canalizar estos deseos de participar individualmente ante el llamado de Dios a servir a otros. Involucrar a nuestros preadolescentes en el servicio a otros es un paso importante también para apaciguar y contestar los miedos y temores que surgen a esta edad.

Consideramos que en esta etapa es muy importante subrayar que es por gracia que somos salvos. Siempre me ha gustado una ilustración que leí sobre la diferencia entre *religión* y *relación* con Dios. La religión se relaciona con el *hacer*, porque implica que tenemos que hacer algo para recibir salvación y caer en gracia con Dios. El verdadero cristianismo se basa en una relación con Dios y se relaciona con lo *hecho*, porque Jesús ya hizo todo lo necesario para salvarnos. No tenemos que adivinar qué es lo que Dios quiere de nosotros para salvarnos. Al seguir al Señor, ya hemos sido declarados justos y sin culpa.

Cuando ayudamos a nuestros hijos preadolescentes a entender esta realidad, esto les alivia el temor y empieza desde pequeños a enseñarles que hacemos lo que hacemos no para ser salvos, sino porque Dios nos bendice para bendecir a otros. El servicio no tiene que ver con nosotros o con nuestra salvación, sino con la obediencia y el agradecimiento. El aprender a vivir en libertad es clave. Uno sirve a Dios por agradecimiento. Aunque en la preadolescencia es un tanto difícil entender cosas abstractas (viven en lo concreto y están recién comenzando a entender lo abstracto), poco a poco los chicos pueden empezar a entender la verdad de que somos salvos por fe, y que eso se refleja en nuestras obras. Cuando escuchan las enseñanzas de la Biblia, pueden estar contentos de ver sus vidas reflejando el mandamiento más importante: "*amar a Dios por sobre todas las cosas, y amar a tu prójimo como a ti mismo*".

El hecho de que Josiah se diera cuenta de que amar a su prójimo no venía de nosotros, ni de su abuelo, sino que venía de Dios mismo, subraya una vez más una meta que todos tenemos como padres cristianos: queremos que ellos tengan sus propias experiencias con Dios, que reconozcan que Dios es un Dios viviente que obra en sus vidas. De manera interesante entonces, en la etapa de la preadolescencia, empiezan a despertarse a la necesidad de obedecer a Dios de manera individual y es en esta etapa que el servicio da lugar a que haya un obrar de Dios, una experiencia con Dios individual. Eso, sellado en el corazón de un preadolescente, cambia su vida. Ellos mismos no pueden negar cuando Dios hace algo en sus corazones. Regresamos a lo que hablamos en el capítulo tres de un niño que sirve: escuchar de la grandeza de Dios es bueno, pero experimentar a Dios en tu propia vida es mejor. El servicio abre esa puerta.

El poder servir junto a nuestros preadolescentes también abre puertas a la comunicación. Puede que tus hijos todavía no hayan llegado a esta etapa, pero te cuento que el comunicarse con ellos es toda una preocupación cuando entran en la preadolescencia. Por sus mentes pasan muchas cosas, pero les cuesta ordenar sus pensamientos y sus emociones, y esto los lleva a callarse totalmente, o a decir todo lo que se les va ocurriendo, sin ningún filtro y ¡eso puede confundirte más que su silencio! Entonces, ¿cómo puede el servicio abrir estas puertas de comunicación?

En primer lugar, servir juntos significa pasar tiempo juntos. En un mundo cada vez más ocupado, en el cual nuestros preadolescentes tienen muchas actividades que queremos aprovechar para darles mejores oportunidades, el tomar un tiempo para servir juntos es generar más oportunidades para pasar tiempo conversando.

En segundo lugar, servir juntos trae experiencias o vivencias que ayudan a que surjan temas importantes a tratar en la vida de un preadolescente como, por ejemplo, ¿dónde está la justicia de Dios?, ¿por qué personas tienen que sufrir?, ¿dónde está Dios en el sufrimiento? Seamos honestos, estas son preguntas que nosotros también nos hacemos. Qué bueno es poder hablar de estos temas juntos y no de una manera forzada, sino a partir de lo que uno está viendo.

En tercer lugar, como ya hemos mencionado, hay temores reales, y también irracionales que nuestros hijos experimentan en la preadolescencia. Cuando uno está sirviendo a los más necesitados, uno es más vulnerable y sensible, estamos todos fuera de nuestra zona de confort y eso iguala la plataforma de comunicación. Ellos podrán ver que nosotros también queremos dar lo mejor de nosotros y que nos cuesta, y nos hace aliados en la vida. Eso es muy bueno.

Como el servir nos pone en situaciones de vulnerabilidad, es sumamente importante siempre tomarnos un tiempo antes de servir, para prepararnos para lo que vamos a ver y después del servicio para hablar de lo que hemos visto y vivido. Siempre debe haber sesiones de evaluación lo antes posible después de cada salida para ministrar juntos como familia.

Cuando comenzamos a servir en familia, éramos muy fieles en tomarnos un tiempo para evaluar cada experiencia, pero al hacerlo más y más, dejamos a un lado estos momentos y esto fue muy malo para uno de nuestros hijos. Pensábamos que, al haberlo hecho con los otros niños, ya no hacía falta tener que repasar lo mismo con nuestra preadolescente. Asumimos que ella ya había escuchado todo lo necesario como niña, y que, como preadolescente, estaba mejor preparada y no necesitaba la preparación antes ni la evaluación después de ministrar. Encima, la mandamos al relleno sanitario con personas que no conocía, para servir y ayudar traduciendo. Cuando fui a buscarla, solo al ver su carita, supe que algo andaba muy mal. Sus manos sudaban, y sus ojos estaban llenos de lágrimas. Al abrazarla sentí que temblaba y vi que estaba sufriendo un ataque de pánico. No era la primera vez que iba allí, pero era la primera vez que iba como preadolescente y su mente empezó a procesar todas las nuevas emociones que estaba sintiendo; es una etapa más sensible y tuvo una recarga de emociones que no podía ordenar. Le tomó mucho tiempo salir de ese ataque, y al no haberla preparado bien, ni acompañado, fue muy difícil ordenar lo que sentía, después en la evaluación. Sentía lástima, pena, frustración, asco, miedo, enojo (¿por qué Dios deja que haya este tipo de sufrimiento?), culpa (yo tengo tanto, soy una mala persona, no quiero estar aquí). Aprendimos con esta mala experiencia lo importante que es prepararnos de antemano, servir juntos hasta que lleguen a la adolescencia, y siempre repasar y evaluar lo que uno vivió. ¿Viste? ¡Ya había dicho que no somos padres perfectos!

Es valioso notar que las lecciones aprendidas en la preadolescencia te quedan todo el resto de tu vida. Al leer el capítulo de Josiah, en su mente preadolescente, él tuvo que aprender que servir a otros tenía que ver con amar a otros, y no con salvar su propia vida. Es interesante que relata el servir a otros como algo fácil cuando lo disfruta, pero que más adelante en su vida tuvo que aprender a amar cuando era más difícil. Aun con un vínculo especial de toda la vida con su abuelo (mi papá), una vez que perdió su memoria y con eso su personalidad, era importante seguir amando y sirviendo. Esta realidad es difícil para todos nosotros. Amar a los que nos aman, es fácil. Amar a los que no nos aman... es mucho, mucho más difícil. ¿Quién admira al que ama a su familia? Nadie. Es lo esperado, lo normal. Pero el que puede amar a los que no lo aman, eso sí es un logro reconocido por los hombres y por Dios mismo.

Hace ya diez años, cuando empezamos nuestro hogar para preadolescentes y adolescentes embarazadas, yo tenía la fantasía de que íbamos a ir a las calles e íbamos a rescatar a mujeres que habían tomado malas decisiones. Iba a abrazarlas y a traerlas a nuestro hogar hermoso. Ellas iban a entrar a la casa e inmediatamente me agradecerían por rescatarlas y darles una vida mejor, y seríamos amigas para siempre. Fui muy inocente. Nuestra realidad es que muchas de nuestras chicas vienen abusadas y maltratadas por sus propias familias, o vienen a nuestro hogar después de vivir en las calles. No confían en las muestras de amor. Llegan a nuestro hogar por orden de un juez, y muchas veces nos ven como las que estamos impidiendo el poder estar en casa con sus familias. No somos sus rescatadores, somos sus enemigos. Ha habido momentos donde yo podía sentir el odio que me tenían. Físicamente han llegado a empujarme, golpearme, pero es peor cuando rehúsan mirarme, o hablarme. Son en esos momentos en los que lucho con mi naturaleza. ¡Pasa por mi mente sacarlas de la casa por ser tan ingratas! Pero sé que eso es ser humano, y yo quiero ser un reflejo de Dios. Y Dios es amor. Y Dios ama al que lo odia igual que al que lo ama.

Si nuestros preadolescentes pueden aprender a amar aun cuando alguien no los ama, van a tener la mejor herramienta que Dios nos puede dar. No nos olvidemos que en 1 Corintios 13, el conocido pasaje del amor, empieza diciendo: *"si tengo una fe tan grande que puedo hacer que los montes cambien de lugar, de nada me servirá sin amor"*. ¡Imagínate, poder mover toda una montaña con tu fe, pero eso no tiene valor en el reino de Dios! Seamos un ejemplo de esto con nuestros preadolescentes para que sean reflejo de Jesús todas sus vidas.

Este ejemplo tiene que empezar en el hogar. Hay casos en los que no se ama bien dentro de la familia porque piensan que tienen su amor asegurado y que no es necesario hacer nada. Muchas parejas caen en esta mentira. Trabajan para ganar el corazón de su amado, pero después de comprometerse para siempre, ¿para qué esforzarse? Nuestros preadolescentes (como también nuestros niños, adolescentes y jóvenes) tienen que ver que el amor se trabaja. En la casa uno debe pone al otro antes que uno mismo y siempre esforzarse para demostrar amor.

Desafortunadamente, con nuestros familiares a veces se forman las heridas más profundas y dolorosas. Tenemos que aprender a amar aun en el dolor, y perdonar lo más rápido posible para sanar esas heridas, y amar bien. Nuestros hijos están viendo cómo nosotros tratamos a nuestras familias. No siempre es fácil, ¡pero queremos que ellos nos traten con amor, así como nosotros tratamos a nuestras familias con amor! Nunca sabemos lo que puede impactar a nuestros preadolescentes. Seamos consistentes en nuestro amor hacia nuestra familia, nuestros vecinos, nuestros enemigos.

Cuenta una historia, que un hombre se hartó de tener a su papá ya anciano en la casa. Siempre era pesado, se quejaba de todo, y ya no lo aguantaba. Finalmente, después de años el hombre le dijo: "Tienes que irte de la casa". Este hombre tenía un hijo y le dijo: "Anda a buscar una manta para tu abuelito, que ya no vivirá con nosotros". El niño se fue al cuarto para buscar una manta. Cuando regresó a donde estaba su papá y su abuelo, le entregó la manta a su papá. El papá miró y dijo: "Hijo, ¿por qué rompiste la manta en dos?". El hijo respondió: "Quiero guardar la otra mitad para cuando tenga que echarte a ti de mi casa". Nuestros hijos nos están mirando. Van a seguir nuestro ejemplo. Amemos bien.

Los preadolescentes tienen mucha capacidad para amar y servir. También tienen temores y luchan con muchas emociones. Estemos atentos a comunicarnos con ellos al servir, y a apaciguar sus temores. Démosles oportunidades para actuar, eso muchas veces es el remedio para la ansiedad.

¿Cómo puedes comunicarle a un preadolescente que no somos salvos por hechos, pero que los hechos son importantes? Escribe unas ideas aquí.

____

____

____

____

____

____

¿Hay personas en tu vecindario, el colegio de tu hijo, en la iglesia, o quizás en tu familia que son difíciles de amar? ¿Cómo pueden demostrarles amor a ellos? Escribe tus ideas aquí.

____

____

____

____

____

____

12 ideas para servir con preadolescentes

(por Rich Brown)

CAPÍTULO 7

"La ciencia nos dice que dar te hace feliz, aun cuando eres pequeño". **(usu.edu)**

"¿Quién podrá compararse con el Señor nuestro Dios, que tiene su trono en las alturas? Allá por debajo de él están los cielos y la tierra; él se inclina a mirar, y levanta al pobre del polvo, y al necesitado del basurero, y los hace sentarse entre los príncipes, con los príncipes de su pueblo". Salmos 113: 5-8

Este capítulo es práctico y en él hay ideas para que puedan servir a los niños, a la comunidad y a los ancianos. Usa esta sección para encontrar ideas para ir como familia con tus hijos preadolescentes. Además de las ideas incluimos una recomendación y los beneficios familiares que podrían tener al usar esa idea. Al final del capítulo hay una guía práctica para ayudarlos a organizarse bien para servir.

1. Armar paquetes de agradecimiento

Pueden hacer manualidades y escribir cartas de agradecimiento a los soldados. Algunos nunca entran en guerra, otros están siempre en guerra, pero todos representan nuestros países y sirven con fidelidad. Para más ideas en inglés pueden ver operationgratitude.com

Preparación:

- Realizar diferentes manualidades para regalarles a los soldados.
- Escribir cinco cartas cada uno de la familia para entregar a varios soldados.
- Coordinar el lugar para donar los paquetes. Puedes hablar con alguien del colegio militar, o quizás tengan un familiar o amigo militar que los pueda ayudar a saber quiénes necesitan más ánimo. Hay muchos capellanes que tienen ministerio con hombres y mujeres en el servicio.
- Confeccionar el paquete para que sea especial para la persona que lo recibe. Queremos comunicar que son importantes y que les agradecemos por su servicio.

Recomendaciones:

- Involucrar a otras familias, amigos de los colegios o iglesias para hacerlo juntos.
- Tener paquetes para todo el pelotón. No queremos que alguien se quede sin paquete.

Beneficios:

- Pocas cosas sensibilizan tanto al corazón de un preadolescente

como ver que otros jóvenes se mueren por defender su país. Verán a personas que están dispuestas a dar sus vidas por una meta global más grande.
- Ser agradecidos es una actitud importantísima para enseñarles a nuestros chicos. El agradecimiento nos pone en nuestro lugar para que no seamos egoístas. Nos hace humildes.

2. Colecta de comida

La idea es ir por todo el vecindario para recolectar comida para apoyar un comedor popular en tu comunidad.

Preparación:
- Escoger el comedor popular al que se le va a donar comida.
- Pedir que las donaciones sean de alimentos no perecederos.
- Organizar las cajas por tipos de alimentos.

Recomendaciones:
- Recomendamos que hablen con el comedor popular primero para saber qué tipos de alimentos necesitan más.
- Dependiendo del tamaño del comedor popular podrán también servir como voluntarios sirviendo los platos o cocinando como familia.
- Pedir a los hijos preadolescentes que donen sus alimentos favoritos.

Beneficios:
- Servir a los hambrientos es algo que Jesús mismo nos pide hacer en Mateo 25. Les dará mucha satisfacción a sus preadolescentes el servir a Jesús "disfrazado" de una persona pobre y necesitada.
- El comedor popular estará muy agradecido por su visita.

3. Mochila de supervivencia

La idea es llenar mochilas con las cosas más importantes que podría necesitar alguien de la calle. Pueden encontrar algunas ideas de qué más hacer y qué incluir en una mochila en esta página web en inglés: Nationalhomeless.org.

Preparación:
- Saber de antemano cuántas mochilas van a armar y para cuántas personas de la calle.
- Llenar las mochilas con tazas, ollas, jabón, pasta dental, desodorante, bufanda, libros etc.

Recomendaciones:

- Pedirles a sus hijos que usen sus propinas para comprar algunas de las cosas que incluirán en las mochilas.
- Pedirles a sus hijos escribir notas con versículos bíblicos para incluir en la mochila.

Beneficios:

- Darle una mochila a alguien que no tiene nada nos hace tener un corazón sincero y humillado. Les enseña a nuestros hijos que algunas personas no tienen las cosas más sencillas para cubrir sus necesidades básicas. Algunos de ellos están así por malas decisiones que tomaron en sus vidas, otros están allí porque han tenido una mala pasada en la vida. Pero, de todas formas, ellos merecen ser tratados con respeto y amor.
- Sus hijos verán las mochilas regaladas y les dirán a sus amigos: "Yo le regalé esa mochila a esa persona". Nos hace sentirnos bien al servir a la humanidad.

4. Donación de ropa

Limpiemos nuestros armarios para hacer espacio para la ropa que ya tenemos o para la nueva ropa que vamos a comprar. Esto es terapéutico: limpiar la casa y servir a otros. La pueden donar a una tienda de ropa de segunda mano, centro de refugiados, refugios familiares, centro de adicciones, etc.

Preparación:

- Buscar ropa de buena calidad que ya no usamos.
- Nuestros hijos crecen rápido. En vez de guardar la ropa que ya no les queda, por qué no regalársela a otros que la podrían usar.

Recomendaciones:

- Es buena idea hacer este ejercicio una o dos veces al año porque nos ayuda a no acumular cosas que no necesitamos y no usamos.
- Habría que contactar a la organización que recibirá las donaciones para que ellos les expliquen qué necesidades de ropa tienen para no regalar un montón de cosas que no necesitan.

Beneficios:

- Limpiamos nuestras casas y no acumulamos más de lo que necesitamos.
- Ayudamos a los que no tienen muchas opciones de ropa.
- Las organizaciones que reciben las donaciones estarán muy agradecidas.

5. Hacer amigos en un hogar de ancianos

Necesitamos pasar tiempo con los ancianos para recuperar la admiración por ellos. Una manera de hacerlo es pedirles a los ancianos que nos ayuden a rearmar nuestra historia, que nos cuenten historias del pasado que nos servirán para entender nuestro presente. También podemos cantar canciones con ellos o leerles libros o revistas que les interesen.

Preparación:

- Elegir un hogar de ancianos donde haya personas deseosas de contar sus historias y de compartir tiempo con personas más jóvenes.
- Llevar un cuaderno, o un celular para grabarlos cuando hablen y preparar preguntas.
- Llevar libros que les podrían interesar e instrumentos musicales para acompaña las canciones.

Recomendaciones:

- Pueden hacer diferentes tardes temáticas. Por ejemplo, una tarde hablar de cómo eran antes las ciudades, las casas, los precios de las cosas, etc. También pueden conversar sobre sus familias y armar juntos sus árboles genealógicos, que les cuenten cuál era su trabajo y hobbies, etc.
- Pueden registrar una o dos historias y hacer un pequeño libro.
- Tomen el tiempo necesario para conocerlos de verdad. Ustedes podrían ser la última persona que ellos conozcan antes de morir.
- Realizar esta actividad en forma periódica y continuada.
- Involucrar a otras familias que también tengan preadolescentes para que juntos puedan servir.

Beneficios:

- Al escucharlos y prestarles atención podrán conectarse con ellos y así sabrán que los respetan y los honran.
- Los preadolescentes aprenderán cuán importantes son los ancianos.
- Los unirá como familia saber que no importa la edad, siempre estarán cuidándose unos a otros.
- Los ancianos se animan mucho al ver a familias enteras y en especial a los preadolescentes cantando, leyéndoles una historia, escuchándolos.
- Nuestros hijos se darán cuenta de que los ancianos tienen buenas historias y de que son como nosotros, pero más viejos.
- Mostrará a nuestra familia la importancia de personas de la tercera edad.

Mi suegra es voluntaria en un hogar para gente con Alzheimer. Su esposo, mi suegro, es una de las víctimas de esta enfermedad tan horrible. Ella toca el piano allí dos o tres veces por semana. Los ancianos se acercan al piano y cantan lo que recuerdan, o simplemente sonríen al escuchar.

6. Chocolatada para los necesitados

La idea es vender chocolatada en el colegio, la iglesia, el parque o donde sea para recaudar fondos para los necesitados. Pueden donar todas las ganancias a una organización en su comunidad que sirva a los necesitados.

Preparación:

- Se necesita organizarse con el colegio o la iglesia para tener los permisos para servir la chocolatada.
- Tenemos que organizarnos con la cantidad de paquetes, tazas, azúcar y todo lo que se necesita para una buena chocolatada.
- Hacerlo durante varias semanas para recaudar suficiente dinero para ayudar a la organización.

Recomendaciones:

- Hacer flyers o volantes para promocionar la chocolatada durante la semana anterior. En el flyer se puede poner la información de la organización que será la beneficiaria de lo recaudado.
- Si se hace durante Navidad o durante celebraciones de ese tipo se podría vender también alguna comida especial relacionada con la fecha.

Beneficios:

- Nuestros hijos se conectarán más con su escuela o iglesia.
- Les mostrará que hay necesitados cerca de casa, incluso en los mismos círculos sociales en los que estamos.
- Es una buena forma de dejar a nuestros hijos "practicar su fe" en frente de sus amigos y compañeros.
- Pueden animar a otras familias a participar con ustedes.

7. Donación a hospitales de niños

La idea es donar libros, revistas, CDs, DVDs, etc., a un hospital de niños.

Preparación:

- Recolectar cosas en buen estado para que sean especiales para los niños en el hospital.
- Coordinar con el hospital el momento adecuado para entregar la donación, respetando las horas de visita.

- Coordinar también con el hospital para no repetir donaciones de otros y ver las cosas que más necesitan o desean los niños.

Recomendaciones:

- Buscar un tiempo donde la familia pueda quedarse en el hospital con los niños internados a mirar una de las películas donadas.
- Sólo donar películas aptas para niños.

Beneficios:

- Los niños enfermos se sentirán felices por la donación.
- Nuestros hijos se sentirán bien por donar lo que fue especial para ellos (esa canción, esa película etc.).
- El personal del hospital estará agradecido.

8. Limpieza total de parques

La idea es ponernos los guantes y como familia servir de ejemplo a toda la comunidad limpiando el parque.

Preparación:

- Solo hay que llevar las herramientas necesarias para limpiar el parque (bolsas de basura, guantes, un rastrillo, escoba, etc.)
- Repartir tareas. Algunos pueden estar encargados de barrer, otros de lavar los columpios, otros de recoger la basura, etc.

Recomendaciones:

- Pueden involucrar a otras familias con preadolescentes para servir juntos.
- Es bueno hacerlo periódicamente. Esto mostrará a los vecinos la importancia de mantener el lugar limpio para la comunidad.

Beneficios:

- Cuando nosotros servimos de esta forma, animamos a toda la comunidad a hacer lo mismo.
- El parque estará más limpio para todos.
- Les muestra a nuestros hijos el beneficio de servir a la comunidad, aun sin recibir nada a cambio.

Una vez nosotros salimos con todo el grupo de adolescentes a las calles para barrer en frente de la iglesia. Los vecinos nos vieron, preguntaron de qué iglesia éramos y empezaron a barrer las calles con nosotros. El servicio comunitario es contagioso.

9. Calcetines para los indigentes

La idea es tener medias grandes o calcetines llenos de sorpresas para las personas que viven en las calles.

Preparación:

- Conseguir calcetines o medias grandes para llenarlos con fruta, aperitivos, desodorantes etc.
- Determinar a cuántas personas queremos bendecir y armar la cantidad de medias necesarias para que nadie se quede sin regalo.

Recomendaciones:

- Involucrar a otras familias con preadolescentes para que juntos puedan servir. Es lindo servir a otros junto con otras familias.
- Incorporar versículos bíblicos dentro de los calcetines.
- Sería bueno ir por diferentes lugares por la ciudad para cubrir a más personas en necesidad.

Beneficios:

- Daremos medias que abrigan, fruta y aperitivos para alimentar a los de la calle. Ellos estarán muy agradecidos.
- Enseñará a nuestros hijos que siempre estamos cerca a las personas en necesidad y podemos hacer algo, aun cuando no parezca mucho.

10. Donación para bebés

La idea es donar juguetes, pañales y ropa para bebés a alguna iglesia evangélica, católica, mezquita o sinagoga. La mayoría de congregaciones tiene un espacio para cuidar a los más chiquitos. Muchas veces sólo pensamos en las iglesias evangélicas, pero podemos ser evangelísticos y servir a los que se congregan de diferentes religiones para bendecirlos también.

Preparación:

- Decidir dónde enviar las donaciones.
- Revisar por toda la casa, con vecinos y familiares para ver qué se podría regalar. Sugerimos biberones, pañales, ropa de bebés, frazadas de bebés, cunas, etc.
- Organizar la donación para que sea adecuada a la cantidad de bebés que tenga la iglesia u organización.

Recomendaciones:

- Se puede pedir una lista de cosas que necesitan y comprarlas para que sean cosas nuevas.
- Sugerimos que hablen con los líderes de la organización para hacer la entrega en frente de la congregación. Eso podría motivar a la gente de la congregación hacer lo mismo y servir a otras iglesias.

Beneficios:

- Mostramos que estamos listos y dispuestos a servir a personas y congregaciones que sean diferentes a nosotros.
- Mostramos a nuestros hijos que amamos y respetamos a todas las religiones.
- Las iglesias y congregaciones que son beneficiarios estarán felices por las donaciones.

Una iglesia de la Alianza Cristiana y Misionera en Canadá que tiene casi dos mil miembros (First Alliance Church en Calgary), un día recibió la visita de los líderes de la mezquita de la ciudad: querían alquilar el templo evangélico porque estaban construyendo su mezquita. La iglesia aceptó y al abrir sus puertas pudo romper las barreras que los musulmanes tienen con el evangelio y algunos musulmanes ahora están asistiendo a la iglesia evangélica.

11. Día de SPA para las ancianas

La idea es ir a un hogar de ancianos y regalarles a las mujeres un día SPA. Pueden pintar sus uñas, peinarlas y maquillarlas.

Preparación:

- Escoger el hogar de ancianos apropiado para ir a servir.
- Comprar todo lo que se necesite: peines, cepillos, maquillaje y esmalte.
- Nuestros hijos e hijas pueden ayudar comprando estas cosas con sus mensualidades o regalando algunas cosas que tengan.

Recomendaciones:

- Es importante coordinar las horas y días de visitas para ir en un momento apropiado.
- Llevar suficiente material para servir al número necesario de mujeres en el hogar de ancianos.

Beneficios:

- Las ancianas se sentirán muy bien.

- Podremos escuchar sus historias mientras las peinamos, pintamos sus uñas, etc.
- Nuestras hijas e hijos saldrán de allí con un nuevo aprecio por la vida.

12. Guía para los refugiados

La idea es trabajar con amigos y familiares para armar una guía de la ciudad para los refugiados. En nuestros días en casi todos los países hay gran cantidad de refugiados de todas partes y sería muy útil para ellos contar con una guía que los ayude a orientarse y a moverse por la ciudad.

Preparación:

- Poner en la guía mapas de nuestros parques, centros comerciales, tiendas, escuelas, lugares de entretenimiento, etc.
- Realizar una buena cantidad de copias.
- Nuestros hijos preadolescentes pueden ayudar a armarlas en la computadora y a imprimirlas.

Recomendaciones:

- También podemos llevarlos de compras si no tienen comida, o dejarlos bañarse en nuestra casa, o simplemente mostrarles cómo funciona la guía.
- Si hay muchos refugiados o chicos nuevos en el colegio podríamos animar a nuestros hijos a que hagan una guía especial sólo para su colegio.

Beneficios:

- Los refugiados se sienten solos y en un lugar extraño. Al darles esta guía podríamos animarlos y mostrarles nuestros lugares favoritos en el vecindario.
- Nuestros hijos podrán tener más misericordia para con los refugiados. En vez de echarles la culpa de toda la violencia en nuestros países podemos mostrar que la mayoría de los refugiados son una bendición y que debemos servirlos.

Jesús nos enseña claramente que el segundo mandamiento más importante es *amar a nuestro prójimo*. (Marcos 12:31).

Esperamos que estas ideas sirvan para unir a tu familia y motivarlos a seguir sirviendo con tus hijos preadolescentes. Abajo puedes anotar las tres ideas más posibles según tu contexto.

Anotar tres ideas que podrían funcionar:

¿Cuáles son algunos obstáculos que tendrían que vencer como familia para servir con estas tres ideas? ¿Cómo se podrían vencer esos obstáculos?

¿Qué fecha podrían fijar para hacer estas tres ideas para servir?

HIJOS ADOLESCENTES INVOLUCRADOS EN EL SERVICIO

Sección 3

Bendecidos para bendecir

(por Alexa Brown Shannon)

CAPÍTULO 8

"Debemos aprender a vivir juntos como hermanos o vamos a perecer juntos como tontos". **Martin Luther King, Jr.**

Como la hija menor, llegué a la familia con el valor de que fuimos "bendecidos para bendecir" bien inculcado. Me acuerdo conversaciones alrededor de la mesa sobre cómo podíamos ayudar a nuestro prójimo. Recuerdo que los domingos, antes de ir a dormir, nos reuníamos en la sala para agendar la semana que teníamos por delante. Después de coordinar todas las actividades, uno por uno contábamos cómo íbamos a bendecir a alguien específico al siguiente día. Lo llamábamos "nuestra misión". "Alexa, ¿cuál es tu misión para mañana?", me preguntaban, y yo tenía que pensar en alguien a quien podría ayudar durante el día siguiente: saludar a alguien que no tenía amigos, jugar en el recreo con alguien que estaba solo, ofrecerme a hacer alguna tarea en el aula, etc. Tenía que ser algo más allá de comportamiento apropiado o esperado, más allá de sólo buenos modales.

Estos hábitos me enseñaron muchas cosas. Hay personas que piensan que sólo puedes servir a los que sufren pobreza, o luchan en un país con problemas políticos, pero supe desde niña que esto no es verdad. No tienes que viajar a otro país o ir a un barrio más pobre que el tuyo para poder servir a alguien. Hay personas en necesidad por todas partes. Hay personas que sufren interiormente y que necesitan de ti en tu propio barrio. Hay amigos y familiares que pueden ser bendecidos sólo porque estás dispuesto a pasar tiempo con ellos, diciéndoles un cumplido, estudiando juntos, lavando los platos, ayudando a limpiar su cuarto, ¡o simplemente brindándoles una sonrisa! Aún hoy me sorprende las cosas tan simples que pueden cambiar el día a otra persona. ¿Qué nos cuesta una sonrisa? Como ya dijimos, y como dice la Madre Teresa: *"No todos podemos hacer cosas grandes, pero sí podemos hacer cosas pequeñas con gran amor".*

Cuando tenía catorce años, tuve que mudarme de Ecuador a Estados Unidos e ir durante un semestre a una secundaria pública enorme. Durante esos meses parecía que a ninguno de los estudiantes de ese colegio le importaba los que les rodeaba, sólo se enfocaban en ellos mismos y quizás en uno o dos amigos. No les importaba la presencia de estudiantes nuevos, estaban felices solo mirando fijamente a sus celulares, aun en sus clases. Fue difícil mantener la más mínima conversación con alguien porque pasaban su tiempo en otro mundo. Esto era tan diferente a lo que yo estaba acostumbrada. Ese semestre, teniendo quince años, sentí una profunda soledad y tristeza. Como nadie me hablaba, realmente ni me veían, sentí que yo era invisible. Entré en un tiempo de depresión y ansiedad que duró todo un año. Esa experiencia me hizo pensar mucho. ¿Soy así con los que me rodean? Mi colegio en Quito, Ecuador es mucho más pequeño y siento que todos nos conocemos, pero al indagar un poco más en mi vida "normal", me di cuenta de que también corremos el riesgo de ignorar a otros, de no aprender los nombres de los chicos nuevos, de no hacer nuevas amistades. Pasando este momento tan feo en mi vida decidí ser proactiva en buscar conocer a los nuevos y respetar a los que son diferentes a mí. Decidí ser una persona bondadosa, abierta, amigable y de confianza. Esto no viene naturalmente. Me es difícil. Soy introvertida y solo la idea de ser responsable de empezar una conversación con alguien que no conozco, me incomoda. Pero nunca jamás me voy a olvidar lo terrible que me sentí cuando pasé ese semestre como "la invisible".

Hay personas por todo el mundo que pueden vivir sin darse cuenta de cuánta necesidad realmente hay en este mundo, ni la importancia de lo que significa servir a otro. Me siento afortunada de no ser una de esas personas. Mis padres, como misioneros, me dieron el privilegio de involucrarme en sus ministerios aun cuando yo era muy pequeña. Como la menor, no pude estar las primeras veces que ellos y mis hermanos fueron al basurero de la ciudad, pero no pasó mucho tiempo hasta que yo también pude aportar algún juguete o simplemente ir a jugar con los niños.

Me siento privilegiada por haber estado expuesta a la pobreza extrema desde chiquita. Muchos saben que existe la pobreza, pero no tienen idea lo terrible que es. Para muchos es difícil poder imaginar la pobreza, o entender las luchas que se enfrentan diariamente en la pobreza si nunca la han visto y si su propia comunidad es muy desarrollada y rica. Para algunos conocidos míos, si no lo han visto, sencillamente no existe; como en el colegio en Estados Unidos: parece que la pobreza incomoda, entonces agachan la cabeza, viven en otro mundo y pretenden que no existe. Proteger a mi generación de esta realidad sólo empeora las cosas para este mundo. Me identifico con Shane Claiborne cuando dice: "He aprendido más de Dios en las lágrimas de familias sin hogar que en cualquier clase de teología sistemática". Recién cumplí dieciocho años y reconozco que soy inmadura en muchas áreas de mi vida; sin embargo, con respecto a conocer la pobreza y a entender que Dios nos impulsa a hacer algo por los pobres, siento que tengo más madurez que muchos de mis compañeros.

Cuando pude visitar algunos de los ministerios de mis padres, pude ver cuánta pobreza hay en este mundo. Algunas familias sólo cuentan con las cosas básicas como comida, ropa, agua, y casi nada más. De todos modos, estas familias confían en Dios y es notable que ¡aman a Dios! Viven una vida de fe y son agradecidos. Esto me dio la oportunidad de ver lo afortunada que soy con todo lo que tengo a mi disposición. No puedo dar por sentado que siempre tendré agua, comida, luz, educación. El hecho de que nunca haya tenido que sufrir la falta de estas cosas es un privilegio muy grande y yo solía no tomarme el tiempo para ser agradecida por estas cosas. Me enfurecí conmigo misma al ver que tenía todo lo que necesito, y aún mucho más, y que hay familias que apenas están sobreviviendo ¡y son más agradecidas que yo! Es aquí cuando me di cuenta de que las familias que tienen mucho dinero, tienen que administrarlo, cuidarlo, hacer que aumente y al final, el foco de sus vidas está en el dinero. No dependen de nadie. No tienen por qué depender de Dios. La Biblia enseña que Dios está con los pobres y es obvio, pues se siente su presencia en medio de ellos. Jesús dice en Mateo 19:24: *"Le es más fácil a un camello entrar por el ojo de una aguja que a un rico entrar al reino de Dios"*. Esto me asusta. Yo quiero ser agradecida como las familias pobres que conozco, y quiero ser fiel en ser generosa.

Me gustaría poder decir que el servir a los más necesitados al inicio es difícil, pero poco a poco se vuelve fácil. La verdad es que siempre es incómodo. Yo primero quiero acomodarme a mí, quiero proteger mis emociones, mi tiempo libre, ¡quiero hacer lo que yo quiera! Mi familia y yo nos incomodamos cada vez que vamos a servir. Creo que es algo que va contra nuestra naturaleza. Mi papá siempre confiesa que le es más fácil organizar todo un evento para servir, que ir personalmente al basurero y sufrir con los que están sufriendo, llorar con los que están llorando. Eso es verdad para todos nosotros. Es más fácil fingir que no existe este sufrimiento. Servir a otros requiere que resistamos esa tentación y seamos proactivos en dar de nosotros, en lo pequeño y en lo grande. Leyendo lo que Jesús dice en cuanto a nuestra responsabilidad con los necesitados, no podemos agachar la cabeza y fingir que no existe. Igual es incómodo, aún si llevas años sirviendo. Pero es obedecer a Jesús.

Servir a otros implica tomar riesgos. Te puedes sentir torpe e inadecuado cuando quieres ayudar y no estás completamente seguro de cómo ayudar. ¿Comida, ropa? ¿Si les ofrezco algo, se van a ofender? ¿Y de qué vamos a hablar? ¿Y si intento un juego y no se involucran? ¿Cómo les puedo mostrar que me importan? ¿Cómo puedo mostrarles que Dios los ama? ¿Cómo pueden ellos confiar en nosotros si siempre hay gente que va a verlos una o dos veces y luego que nunca vuelve?

Estar involucrada en los ministerios de mis padres hizo que mi fe fuera más fuerte porque pude ver y escuchar historias increíbles de Dios transformando vidas. Pude conocer personas que tenían muy pocas cosas, pero que tenían mucha fe y nunca sintieron vergüenza de amar o adorar a Dios. Esto era diferente a lo que ocurría con mis compañeros en el colegio, en donde si amabas a Dios y lo demostrabas, te juzgaban rápidamente. Gracias a Dios, algo de esto cambió cuando algunas de mis compañeras de promoción y yo fuimos a servir juntas en un ministerio para adolescentes embarazadas de Inca Link, Casa Elizabeth. Allí pude ver una actitud de bondad y cariño hacia las chicas de parte de mis compañeras. Esto fue un lado de ellas que yo nunca había visto. Una de ellas era creyente, pero yo no tenía idea de cómo era su testimonio. Estando en Casa Elizabeth, ella conversó con las chicas y me asombró cómo hablaba de la Biblia. Tenía mucho conocimiento y hablaba con mucho cariño y a la vez con autoridad. Yo respetaba a esta amiga por su manera de jugar al fútbol y porque era sencilla y amigable, pero después de esa experiencia la admiré mucho más. Ella no tuvo temor de compartir su testimonio con chicas muy duras. No tuvo temor de ser vulnerable. Me impactó tanto que la quiero imitar.

Nuestra generación admira mucho estas cualidades, pero nos da mucho miedo abrirnos cuando no sabemos qué es lo que va a pasar. No confiamos fácilmente. Creo que de todas las cosas que aprendí sirviendo a lado de mis padres, esta es la lección más grande. Admirar al "gran mandamiento" es una cosa, vivirla es otra. Me enseña a morir a mí misma, a mi orgullo, a mi ego, a mis temores y a abrirme a ser vulnerable. Me da miedo aún compartir esto, porque fallo muchas veces, pero poco a poco voy aprendiendo y dando más de mí. Fui bendecida para bendecir.

Apropiándose de los valores familiares

¿Cómo enseñarles a mis hijos adolescentes a involucrarse en la obra social?

(por Elisa Shannon Brown)

CAPÍTULO 9

"Si no estás haciendo mejor la vida de alguien, estás perdiendo el tiempo. Tu vida mejora al hacer mejorar la vida de otro". **Will Smith.**

¡Ah, la adolescencia! Todo padre no puede esperar a que llegue esta etapa, ¿no es cierto? Bueno, quizás haya algunos que no pueden esperar esta etapa, pero la gran mayoría tenemos miedo de que llegue y pensamos: "Si logramos sobrevivir, estaremos bien". ¡Hay países que llaman a esta etapa "la etapa del burro"! Tenemos muy buenas noticias para los que están en esta etapa, o por entrar en ella: *no es la edad del burro.* Esta etapa es una etapa de desarrollo asombroso, y no sólo físicamente, sino también del cerebro.

Vimos esto en nuestra propia vida y en la de nuestros hijos. Sentimos que no sólo sobrevivimos esta etapa con nuestros hijos, ¡sino que la disfrutamos muchísimo! Pudimos ver cómo aprendieron principios muy importantes mientras servían. Me gustaría decir que todo fue intencional, y que somos padres geniales, pero la verdad es que mi esposo y yo tenemos la tendencia de ser "hacedores" y muchas veces hacemos sin desarrollar toda una estrategia de por qué lo hacemos. Gracias a Dios, muchas veces esa acción fue útil para enseñar principios.

Cuando nuestra hija mayor, Olivia, entró en la secundaria, empezó a involucrarse en todas las actividades que ofrecía el colegio: básquet, vóley, coro... ella se inscribía en todo lo que el colegio ofrecía. ¡Y el colegio ofrecía muchas actividades extracurriculares! Sus hermanos también se inspiraron viendo todo lo que hacía Olivia, y poco a poco ellos también se inscribieron en muchas actividades después del horario del colegio. Como la vida de Rich y la mía ya era bastante agitada y no tenía mucha rutina, al agregarse cuatro personas más haciendo actividades entre semana y durante los fines de semana, tuvimos que organizarnos bien.

Decidimos usar los domingos a la noche, después de la cena, para reunirnos con la excusa y el propósito de organizar la agenda para esa semana. Dios en su gracia nos inspiró para usar ese tiempo para hablar de lo que habíamos aprendido en el sermón esa mañana, y muchas veces leer pasajes bíblicos y tener un pequeño tiempo de devocional en familia. Una de esas noches, estábamos hablando de cómo ser sal y luz en la vida, y a mi esposo se le ocurrió sugerir que cada semana tuviéramos una misión personal para bendecir a otra persona necesitada.

Así nació lo que Alexa contaba cuando le preguntamos: "¿Cuál es tu misión para mañana?". Este simple ejercicio nos enseñó varios principios bíblicos:

1. Estamos rodeados de necesidades.
2. Debemos identificar a las necesidades que nos rodean. ¿Quién está sufriendo a nuestro alrededor?
3. Somos responsables de las personas necesitadas que nos rodean (Mateo 25:31-46). Esto significa que tenemos que ser proactivos en ayudar a los que nos rodean.
4. Dios les da un talento, un don a todos (Mateo 25:14-30). Identificar qué recursos tenemos para ayudar a nuestro tu prójimo. ¿Hay algo que puedo hacer? ¿En qué soy bueno? Esto ayuda a que nuestros hijos puedan reconocer que Dios les da dones a todos, ¡aun a ellos! ¿Cómo vamos a usar esos dones para bendecir a otros?
5. Ser específico y proactivo. Hacer un plan de acción. ¿Qué vamos a hacer? ¿Cómo? ¿Cuándo?
6. Compartir nuestro plan con otro para que podamos rendir cuentas. El rendir cuentas es algo saludable y bíblico. Formular un plan y compartirlo con la familia, sabiendo que ellos nos van a preguntar si lo hicimos o no. Eso ayuda a tu hijo a cumplir con lo que empezó.
7. Vivir el "gran mandamiento" (Mateo 22:36-40). Bendecir a otros llegó a ser parte de la vida de todos los días. Tener que pensar en cómo bendecir a otros constantemente realmente ayuda a desarrollar esa disciplina de vivir amando a Dios por sobre todas las cosas y amar a tu prójimo como a uno mismo.

Aunque parezca sencillo, fue un ejercicio muy valioso. Obviamente, Rich y yo tuvimos que dar el ejemplo cada semana, y tener nuestra propia misión individual. Aprendimos cosas prácticas también como organizarnos, poner metas y cumplirlas, ser creativos al querer servir a otros, ser un ejemplo para los que nos rodean. Tuvimos que ir durante nuestro día buscando gente que podría tener alguna necesidad y atenderla. El tener una misión personal cada semana fue sellando en nuestras propias vidas los siete principios de arriba. Créanme, cuando uno vive en el ministerio, uno puede distraerse y vivir cumpliendo metas, predicando, estudiando y no conectándose con la comunidad que te rodea.

Lo bello del evangelio es que son buenas nuevas, buenas noticias, noticias de esperanza para muchos quebrantados. En cada etapa de la vida tenemos luchas y necesitamos esperanza. Qué maravilloso es que Dios enseña que todos tenemos una responsabilidad para los que nos rodean. Nuestros hijos pudieron ser luz y sal durante una etapa conocida como muy difícil. Rich y yo hemos operado bajo la filosofía de que Dios nos llamó a estar donde estamos, con los que estamos, y nos preparó únicamente para los retos que nos rodean. Dios supo mucho antes que nosotros, quiénes iban a ser nuestros hijos, y nos los dio como una bendición para que sean parte de bendecir a otros. Nos movemos bajo la gracia de Dios, sabiendo que esa misma gracia se extiende y cubre a nuestros hijos también. Desde el momento en que uno tiene conciencia de las enseñanzas del Señor, también es responsable por obedecer esas enseñanzas. Si fuimos llamados a traer buenas nuevas, extender gracia, promover paz, ese mismo llamado es para nuestros hijos. Entonces, tenemos que ser estratégicos donde Dios nos ha puesto.

En su capítulo, Alexa habla de haber pasado un tiempo en Estados Unidos en el que no necesariamente fue rechazada en su colegio, pero sí se sintió invisible. Vimos la angustia en ella al ser ignorada por sus compañeros. En la adolescencia, nuestro círculo social pasa a un primer plano en cuanto a cómo influye nuestra autoestima y cómo medimos nuestro valor. Los efectos negativos de esa experiencia tardaron en curar, pero también brotó de ella algunas cosas muy bellas e importantes.

En primer lugar, lo que en su vida habían sido teorías, o valores de nuestra familia que ella cumplía, ahora habían pasado a ser un valor de ella. Había experimentado sufrimiento y soledad por ser diferente y nueva y ahora no quería que nadie pasara por eso. Un valor nuestro volvió a ser un valor de ella, y por eso ella actuará en base a ese valor todo el resto de su vida, cuando estemos presentes y cuando no. Lloramos con ella cuando pasó esta situación tan difícil, y nos preguntamos si habíamos hecho lo correcto en mudarnos. Como ocurre muchas veces durante la vida de nuestros hijos, nos llenamos de culpa pensando que quizás deberíamos haberla protegido de este sufrimiento. Es la lucha eterna de todo padre, pero tres años después podemos ver que esa situación desarrolló en nuestra hija algo que si solo le lo hubiéramos enseñado nunca lo iba desarrollar. No quiero que piensen que estoy diciendo que debemos exponer a nuestros hijos a todo tipo de sufrimiento porque a través de ellos van a ser más fuertes o van a aprender mejores lecciones. ¡Claro que no! Lo que sí estoy diciendo es que hay situaciones difíciles que son inevitables y que tenemos la esperanza de que aún en esos momentos difíciles, Dios puede hacer su obra y podemos ver belleza en lo sufrido. ¡Qué hermoso tener esa esperanza!

Y ya que estamos hablando de proteger a nuestros hijos, muchos nos criticaron cuando involucramos a nuestros hijos en algunos de nuestros ministerios. Decían que todavía eran muy chicos para ser expuestos a la pobreza extrema, que no lo iban a poder entender. Como madre luché mucho con esto. Obviamente no iba a exponerlos a riesgos de abuso o enfermedad, pero ¿qué de exponerlos a pobreza? Oramos con Rich y sentimos que las enseñanzas de Jesús eran urgentes y para toda nuestra familia. En cada situación, medíamos los riesgos inmediatos (enfermedad, secuestro, abuso) y en base a esto tomábamos las decisiones de involucrar a nuestros hijos o no. Como leyeron en los capítulos que ellos escribieron, el exponerlos a la pobreza al final fue algo sano y bueno. Prefiero que se hayan enfrentado con las injusticias de la vida bajo nuestra custodia, donde siempre podíamos evaluar lo que sentíamos, y no que lo hicieran cuando ya no estaban en casa. Como Rich dijo en la introducción, cuando íbamos al basurero la gente del lugar nos enseñaba cómo protegernos de enfermedades y cómo manejarnos allí.

Quisiera en este punto hacer algunas consideraciones con respecto a enlazar a nuestros adolescentes en el mundo actual. En mi adolescencia recuerdo que no tenía muchas opciones de entretenimiento. Como mis padres eran profesores, todos en la familia leíamos, y mucho. Mi cuñada me dice que se acuerda que yo leía para escaparme de la realidad. Tenían que arrancarme de las manos mi libro para que me conecte con la familia y con lo que sucedía a mi alrededor. Lo mismo pasaba con mis hermanos. La realidad de hoy es otra. Como padres, la lucha para que nuestros hijos vivan en el presente es muy fuerte. La tecnología tiene tantas cosas que compiten con la atención de nuestros hijos. No todo es malo y por ende tenemos que ser muy proactivos en medir el tiempo que nuestros hijos pasan en un mundo de fantasía (jugando juegos, chateando en sus smartphones, viendo Netflix), *consumiendo* entretenimiento y cuánto tiempo están aportando en la vida real, creando algo (comunidad, amistad, música, arte, etc.). Recientemente estudiamos un poco sobre la tecnología y los efectos sobre adolescentes ¡y aprendimos bastante!

Algo que nos chocó fueron las cifras que demostraban que los padres de adolescentes pasan más tiempo que sus hijos con sus smartphones. Somos un terrible ejemplo, ¡y nuestros chicos están reclamando! Si tu hijo nació desde 2003 para adelante, han pasado toda su vida compitiendo con las pantallas que usamos para trabajar y para relajarnos. ¡Ouch! ¿Qué tiene que ver esto con servir juntos como familia? Afecta a varios de los principios que mencionábamos arriba. Si nuestros ojos están en pantallas, ¿podemos ver las necesidades que nos rodean? ¿Nos responsabilizamos por esas necesidades? ¿Tenemos tiempo para servir a otros cuando el "progreso tecnológico" nos tiene tan ocupados constantemente? ¿Usamos los talentos que Dios nos ha dado para crear comunidad?

Algo que aprendimos cuando nuestros hijos eran adolescentes fue que cada uno tiene su personalidad y que ésta no siempre es parecida a la de sus padres. ¿Alguien se identifica? Rich y yo, como extrovertidos, pasamos mucho tiempo sin poder entender que lo que nos motiva a nosotros, no los motiva a nuestros hijos. Lo que nos llena, no necesariamente los llena a ellos. Pudimos ver que cada hijo necesita encontrar sus dones y ser responsables en usarlos de una manera genuina y real según su personalidad. De lo contrario, pueden agotarse completamente en el servicio, y en situaciones más graves, su autoestima puede ser destrozada. Dios nos hizo a mi esposo y a mí extrovertidos, pero a mis cuatro hijos los creó más introvertidos... ¡y a algunos extremadamente introvertidos!

Aprender a respetar la personalidad de nuestros hijos, sin dejar que sea excusa para no involucrarse en el servicio, es un balance muy delicado. Estas son algunas pautas que aprendimos:

Reconocer las diferencias de personalidad.
Dar permiso a desarrollar una estrategia personalizada para servir.
Facilitar el descubrimiento de dones diferentes a los nuestros.
Honrar y fomentar el desarrollo de cada don, respetando que cada don tiene
valor y un lugar en el servicio al Señor y las personas que nos rodean. Pasamos mucho tiempo retroalimentando lo valioso que son nuestros hijos. Verlos usar los dones que nosotros no tenemos, ¡es una bendición única!

Algo muy saludable y hermoso que ocurre al servir con un adolescente es que esto amplía su mundo al llevarlo a trabajar en equipo. Necesitamos una comunidad que ayude a desarrollar en nuestros hijos sus dones y talentos, que les dé un espacio para servir. Escuchar de tu mamá o tu papá que eres bueno en algo es importantísimo, pero escuchar lo mismo de otra persona realmente cimienta la idea en la mente de tu hijo de que realmente tiene habilidades en esa área.

Recuerdo una vez cuando Mishayla era adolescente. Durante años le habíamos enseñado la importancia de prestar atención en la clase, diciéndole que eso después le ahorraba tiempo de estudio al prepararse para un examen. Les aseguro que a esa estrategia la repetimos muchas veces. Cuando tenía dieciséis años fue a un retiro para hijos de misioneros y cuando regresó nos dijo: "¿Saben lo que aprendí? Que, si uno presta atención en clase, ¡ya no tiene que estudiar tanto el día antes de su examen!". ¡Wow Mishayla, qué increíble esa información! ¿¡Nadie te lo había dicho antes!? Hay muchas perlas preciosas que compartimos con nuestros hijos, ¡que no oyen hasta escucharlo de la boca de otro!

En el libro *"Los Padres que tus Hijos Necesitan"*, Reggie Joiner[1] y Lucas Leys, hablan del "factor naranja". La idea detrás del factor naranja es que nuestros hijos tendrán intereses o habilidades que no compartimos y que necesitamos de otros en la comunidad para que nos ayuden desarrollando esas habilidades en nuestros hijos. Usemos nuestra comunidad para ayudarnos con la crianza de nuestros hijos, ¡y la etapa de adolescencia es perfecta para esto!

Es esta la etapa en la que no debemos dejar de vivir de acuerdo a los valores que tenemos. Si nuestro valor como creyentes es seguir las palabras de Cristo y servir a nuestro prójimo, si queremos que nuestros hijos entiendan este valor como algo concreto y real, entonces nuestras acciones deben mostrar que realmente es nuestro valor. Las acciones hablan más fuerte que nuestras palabras, en especial en relación a esta edad. Hacer espacios para servir juntos es muy difícil por la vida que todos vivimos hoy. Los chicos a esta edad ya no están mucho en casa. Están en el colegio casi todo el día, y después del colegio tienen sus actividades extra curriculares, además tienen su propia vida social y por ende casi no los vemos. El progreso hace que trabajemos constantemente sin poder definir bien los espacios para la familia. Nunca van a lamentar tomarse un tiempo con su familia mientras sus hijos estén en esta etapa. Y servir juntos con nuestros hijos adolescentes es una manera de crecer juntos espiritualmente y es también una buena manera de hacer que nuestros valores sean evidentes y concretos en la vida de nuestros hijos. No hay manera de describir la emoción que se siente al ver a su hijo o hija adolescente sirviendo a otro. ¡Compruébalo!

1- Reggie Joiner, Lucas Leys. Los Padres que tus Hijos Necesitan. e625, Dallas, TX, 2017, (p.27)

Escribe valores que tienen en tu familia.

¿Cuáles son algunas ideas prácticas para poder cimentar estos valores en tus hijos?

Escribe cinco nombres de personas que pueden ayudarte en la crianza espiritual de tus hijos.

---

13 ideas para servir con adolescentes

(por Rich Brown)

CAPÍTULO 10

"Dormí y soñé que la vida era alegría. Me desperté y vi que la vida es servicio. Serví y vi que el servicio es alegría" - Khalil Gibran

Este capítulo es práctico y está dividido en dos secciones de áreas de servicio: servicio con compromisos ocasionales y servicios con compromisos semanales y mensuales. Hay ideas para que puedan servir a los niños, a la comunidad y a los ancianos. Usa esta sección para encontrar ideas para ir como familia con tus hijos adolescentes. Además de las ideas incluimos una recomendación y los beneficios familiares que podrían tener al usar esa idea. Al final del capítulo hay una guía práctica para ayudarlos a organizarse bien para servir.

Servicio con compromisos ocasionales

1. Donación a un albergue

Revisa tu armario y encuentra ropa, juguetes y cosas que ya no usas. Llévalas a un albergue, refugio o tienda que venden las cosas de segunda mano.

Preparación:

- Buscar cosas para donar. Es importante que no sean artículos en mal estado, sino realmente cosas que otros podrían usar.
- Pedir a cada miembro de la familia que participe donando algunas cosas, pero también específicamente pedirles que den algo que les cueste regalar, quizá porque es caro, o porque tienen muchos buenos recuerdos con eso. El sacrificio a veces genera un corazón más bondadoso.

Recomendaciones:

- Sugerimos hacer esto en forma periódica.
- Podemos pedirle a un colegio o escuela que participe con nosotros en la donación. De esa forma se recolectan muchas más cosas para los necesitados.
- Organizar las donaciones por edades para que el personal del albergue no tenga trabajo extra al repartirlas.

Beneficios:

- Podemos vivir en forma más simple, sin tantas cosas que no usamos en casa.
- Ayudamos al albergue, refugio o a los que no tienen tantas cosas como nosotros.

- Nuestros hijos adolescentes verán que lo que nosotros damos por hecho es muy apreciado por otros.

2. Donación de comida

La idea es encontrar un banco de comida cerca de ustedes que necesite alimentos no perecederos al por mayor y realizar una donación.

Preparación:

- Para eso es importante hablar con el banco de comida para preguntarles qué alimentos son lo que más necesitan.
- Según lo que nos digan, podemos pedir a nuestros adolescentes sacrificar sus ahorros para comprar algunos de los alimentos.
- Recomendaciones:
- Es buena idea involucrar a otras familias, a las iglesias y los colegios si el banco de comidas necesita mucha comida.
- Busquen donar comidas sanas. No es buena idea regalarles mucho azúcar, caramelos, chocolates, etc., ya que eso podría causar daño.

Beneficios:

- El hecho de darnos cuenta de que algunas personas dependen de otras para ser alimentados, nos toca el corazón a todos nosotros, incluyendo a nuestros hijos adolescentes.
- Alimentarán a las personas necesitadas de nuestras ciudades.
- Es un buen ejercicio dar comida a los que necesitan, ya que Jesús mismo dice que es importante. (Mateo 25:35).

3. Regalar a otros para tu cumpleaños

En nuestros cumpleaños siempre recibimos regalos, pero aquí la idea es que, en vez de hacernos regalos, nuestros amigos y familiares donen lo que hubieran gastado en un regalo para nosotros a una organización sin fines de lucro que ustedes elijan.

Preparación:

- No hay mucha preparación para esta idea. Sólo tendría que organizarse con anticipación y poner en las redes sociales cuál es la página para donar en vez de dar regalos.
- También pueden escribir notas a los hermanos de la iglesia, amigos en el colegio y en el vecindario, que para tu cumpleaños deseas que ellos donen a la entidad escogida.

Recomendaciones:

- Recomendamos que toda la familia haga esto durante un año. Todos lo hacemos, y bendecimos a una entidad que elegimos como familia, o que el cumpleañero puede escoger.
- Recomendamos recibir efectivo de las personas también, y de esa forma cuando está todo el dinero juntado pueden ir a presentarse a la organización, agradecerles por lo que hacen en la comunidad y ofrecerse para ser voluntarios como familia.

Beneficios:

- La Biblia nos enseña que es mejor dar que recibir y esto es ponerlo en práctica. Hechos 20:35 dice: *"Y les fui un ejemplo constante de cómo se debe ayudar a los pobres y recordar las palabras del Señor Jesús que dicen: 'Hay más dicha en dar que en recibir'"*. Es un beneficio tanto para el cumpleañero como para la organización a la que serviremos con las donaciones y voluntariado.

4. Familia voluntaria para andar en bicicleta, caminar o correr

La idea es correr, andar en bicicleta o caminar en una maratón, por ejemplo, por la cura de cáncer, o para levantar fondos para alguna institución. Conocemos a un hombre de cincuenta y cinco años que recientemente corrió cincuenta y cinco millas. Buscó gente que le donara un dólar o veinticinco centavos por milla. Recaudó casi mil dólares con su familia para donar una organización sin fines de lucro que él escogió.

Preparación:

- Saber qué tipo de actividad funcionará con tus hijos. Planificarlo en familia y decidir juntos qué hacer.
- Buscar padrinos para recaudar los fondos. Sugerimos repartir volantes de antemano en un colegio, iglesia o un parque con la información de lo que están haciendo como familia.

Recomendaciones:

- Es importante tener una meta. ¿Cuánto esperan recaudar? Pueden animar a sus vecinos a que participen con algún refrigerio, tomando fotos, etc.
- Recomendamos que lo hagan juntos como familia. Quizás no puedan andar en bicicleta, pero todos pueden participar en la promoción, el reparto de volantes, de los refrigerios y de la entrega de la donación al final.

Beneficios:

- Nuestros hijos sabrán que nos preocupa el cáncer, o cualquier otro motivo por lo cual hemos hecho este evento.
- La comunidad se animará al vernos haciendo algo tan noble.
- La institución estará feliz por la donación.

5. Familias durmiendo afuera

La idea es dormir como familia en un parque, afuera, toda la noche, solo con una frazada. Pediremos padrinos para cada uno de nuestra familia para reunir fondos para un hogar para las personas sin techo.

Preparación:

- Hay que convencer a nuestros hijos adolescentes que es para una buena causa.
- Tenemos que tener suficientes frazadas para no morirnos de frío, pero no tantas para que no estemos incómodos.
- Es importante hacer volantes para repartir para que las personas del barrio sepan dónde estamos y qué estamos haciendo. Esto también nos ayudará a recaudar fondos.
- Se puede reunir por miembro familiar unos $2 por hora afuera toda la noche. Serían ocho horas y ganaron $14 dólares para donar a su ministerio o entidad que tiene la causa. Si cada miembro encuentra a diez personas que lo apadrinen, a $2 por hora ganarán $140 dólares por miembro familiar para donar.

Recomendaciones:

- Es importante hacerlo en un lugar seguro donde no les vaya a pasar nada. Puede ser un parque frente a unos guardias que estén allí toda la noche.
- Es importante saber que no van a dormir bien. A veces eso es una receta de desastre para adolescentes que les gusta quejarse. Lleven juegos para pasar el tiempo o libros para leer.
- Tomen muchas fotos.
- Cuando amanezca vayan todos juntos a desayunar a algún lugar que les guste, para calentarse y celebrar.

Beneficios:

- Nuestros hijos sabrán cómo es estar toda la noche como los vagabundos. Eso les podría ayudar a entender los malos efectos del alcohol, las drogas o las situaciones adversas.
- Podremos reunir fondos para entregar a una causa importante para la familia.
- Podremos apreciar el hogar donde vivimos.

6. Familias voluntarias para la Escuela Bíblica de Vacaciones

La idea es servir como familia a los niños de la iglesia o en un campamento de la iglesia. Las iglesias siempre están buscando más manos y nuevas ideas para servir a los niños.

Preparación:

- Hay muchos recursos para Escuela Bíblica de Vacaciones que podemos encontrar en Google.
- Si la iglesia ya tiene todo el programa listo, solo tendríamos que unirnos a lo que ya están haciendo. Si no tienen todo listo, tocará armar todo el programa.
- Recuerden que es bueno tener música, teatro, juegos, refrigerios, enseñanza bíblica, memorizar versículos, recoger ofrendas para un proyecto y hacer un servicio de ayuda social.

Recomendaciones:

- Saber cuántos niños estarán en el evento, y tener manualidades, juegos, enseñanza bíblica y todo preparado de antemano.
- Saber a quiénes les darán las ofrendar especiales que reúnen. Siempre es bueno tener una meta para lograr con los niños.
- Que lo que hacen en una semana tenga un impacto para todo el año con los niños. Pueden darles un manual con deberes bíblicos, etc., para que sigan creciendo después del evento.

Beneficios:

- La iglesia estará feliz por tenernos como voluntarios.
- Nuestros hijos adolescentes estarán felices por servir a niños más pequeños y enseñarles las cosas de Dios en un ambiente seguro y divertido.
- Los niños a los que servimos nos agradecerán por enseñarles, estar con ellos y mostrarles cómo divertirse en una forma sana.
- Tres de nuestros hijos fueron voluntarios durante todo un verano en un campamento para niños y adolescentes en Estados Unidos. Vivieron la experiencia de armar el campamento, crear juegos, devocionales, hacer música y enseñar a los niños acerca de Dios. Es por esto que ellos les tienen un gran respeto a todos los que hacen campamentos y trabajan en la Escuela Bíblica de Vacaciones.

Servicio con compromisos semanales y mensuales

¿Sabes? Quizá tienes una lista de herramientas personales y como familia que podrían servirles a muchas personas todos los meses.

7. Enseñar idiomas en familia

Hay muchos que llegan a nuestros países buscando que alguien les enseñe nuestro idioma. Otros que ya son de nuestro país quieren aprender inglés o mandarín. Si nuestra familia habla otro idioma podríamos usar esas habilidades para servir en la comunidad.

Por ejemplo, el equipo de fútbol de un ministerio que se llama Casa Deportiva Cumbre Alta está buscando gente que pueda ser voluntaria para enseñar inglés a sus jugadores. Su meta es que sus jugadores lleguen a jugar en un país que habla inglés con becas de fútbol. Las familias que saben inglés podrían ser voluntarios para un equipo así.

Preparación:

- Identificar al grupo de personas al que podemos servir enseñando el o los idiomas que sabemos en la familia.
- Saber cómo enseñar idiomas. Es importante ver en internet cursos sobre cómo enseñar según las edades de las personas.
- Busquen el horario que funcione para el grupo y prepárense como familia. ¿Quiénes darán la introducción, quiénes la enseñanza gramática, etc.?

Recomendaciones:

- Involucra a toda la familia para que todos participen. Es importante que los adolescentes sientan que son parte y no que están obligados a estar allí.
- Impriman hojas de seguimiento y tareas para que los estudiantes puedan seguir aprendiendo después de clase.
- Si hay muchas personas, es una buena idea dividirlos en grupos.
- Si son clases de conversación podrían hablar de temas políticos, deportes, climáticos, etc.

Beneficios:

- Los chicos estarán felices de poder conocer gente nueva de otra cultura.
- Los que reciben la enseñanza estarán felices por tener la oportunidad de aprender un idioma sin costo.
- La comunidad se dará de cuenta que ustedes como familia están interesados en servir y no solamente en participar dentro de la comunidad.

- Si no tienen inmigrantes a los que podrían enseñar un idioma, pueden ser voluntarios en un colegio para hacer tutoría o afianzamiento para los chicos que están luchando con la matemática, las ciencias u otra materia que les gusta a ustedes y que podrían enseñar a otros.

8. Limpiar el vecindario

A todos los vecinos les encanta ver a los adolescentes con su familia sirviendo en las calles. Esta idea incluye limpiar, barrer, recoger la basura y hacer del vecindario un mejor lugar para todos. Si no pueden hacerlo, otra opción puede ser ofrecerle a alguna familia que lo necesite limpiar su casa, lavar su automóvil, etc.

Preparación:

- No hay mucha preparación aquí, pero es importante tener todas las herramientas que necesitarán: escobas, palas o recogedores, bolsas de basura, guantes, etc.
- Poner la fecha y la hora para salir a limpiar.

Recomendaciones:

- Es una buena idea hacer este servicio junto a otras familias del mismo vecindario o de otros vecindarios. Es más marcado cuando hay más familias haciendo lo mismo.
- Háganlo una vez por semana o una vez por mes para mostrar que están comprometidos.

Beneficios:

- Los chicos aprenden a limpiar afuera.
- Los vecinos se ponen felices viendo que las nuevas generaciones con sus familias saben cómo servir en el vecindario.
- Tener un lugar limpio nos inspira a todos, y limpiarlo juntos nos une.

9. Enseñar música en familia

Si tocan algún instrumento o cantan pueden enseñar en familia. En muchas iglesias hay personas que quieren aprender a tocar algún instrumento o a cantar, pero no tienen a nadie que les enseñe o no tienen los medios económicos para hacerlo.

Nuestra familia está llena de músicos. Mi esposa canta en una banda misionera, Corban, y ellos han hecho giras misioneras en diecinueve países. Uno de sus integrantes cuando era adolescente quería aprender a tocar la

guitarra. Un miembro de la banda Corban comenzó a donar su tiempo para enseñarle a tocar. Hoy Daniel Ascencio toca mejor que su maestro, Elmer Zevallos. Daniel está en la banda y es misionero en Honduras.
La música tiene mucho potencial para que nuestros hijos adolescentes se enchufen con Dios y con la comunidad.

Preparación:

- Identificar a las personas, o familia que quiere aprender los instrumentos que nuestra familia toca. Esto podría ser en un colegio, iglesia u otra organización.
- Tendríamos que saber bien cómo enseñar ese instrumento. Hay muy buenos programas online que podrían usar para enseñar.

Recomendaciones:

- Es recomendable imprimir las hojas de ensayo que usarán para enseñar para que los alumnos puedan llevárselas a sus casas para practicar.
- Es clave que cada miembro en la familia tenga algún tipo de participación. Por ejemplo, uno puede organizar la enseñanza y el ensayo, otro puede adecuar la habitación para la clase, otro puede dar la clase y otro puede ocuparse de evaluación al final de la clase.

Beneficios:

- Serviremos como familia usando la música y a los adolescentes por lo general les encanta la música.
- Los que aprenderán música estarán felices que les estamos enseñando y ¡gratis!
- La comunidad o iglesia se enriquecerá por tener a más músicos.
- En nuestra familia hemos brindado muchos días de servicio con huérfanos, enseñándoles muchas canciones y mímicas. Es lindo servir juntos y ver a nuestros hijos siendo vulnerables con chicos de bajos recursos. Hay algunos hogares de ancianos que usan la música como terapia.

10. La familia deportista

Hay muchos adolescentes a los que les encanta el deporte: fútbol, básquet, vóley o cualquier otro deporte en equipo. Esta idea tiene que ver con que la familia brinde entrenamiento voluntario de algún deporte. Las escuelas siempre están buscando más gente involucrada en forma voluntaria para ayudar en esta área.

Preparación:

- Es importante encontrar dónde hay necesidad de entrenadores. Hay ligas barriales o clubes de diferentes deportes que siempre están buscando quién los entrene, nosotros lo haremos como familia.
- Tienen que conocer lo suficiente del deporte como para ser entrenadores de otros. Si no saben mucho, pueden usar Google para encontrar formas de entrenar en diferentes deportes.
- Organizarse para que toda la familia participe. Algunos podrán poner los conos en la cancha, otros darán las instrucciones, otro tocará el silbato y animarán a los padres. Hay suficiente trabajo para todos.

Recomendaciones:

- Si pueden servir a varios equipos entre la familia eso hace las cosas más competitivas. Si el equipo de tu hija te gana tendrán mucho que hablar durante la cena :).
- El compromiso es fuerte, entonces habría que organizarse bien para que toda la familia pueda estar presente en las prácticas.
- Cuidado con los padres competitivos. Algunos se ponen bravos. Solo es cuestión de tener paciencia y conversar con ellos.

Beneficios:

- Hacer deportes siempre es bueno, pero hacerlos en familia es aún mejor.
- Los chicos que no tienen entrenadores estarán felices de tener uno ahora.
- Las familias de los deportistas estarán felices de que alguien le esté dedicando tiempo al equipo.
- Es bueno para toda la comunidad tener familias voluntarias sirviendo en la comunidad.

11. Voluntarios para manejo de redes sociales

Los adolescentes son expertos en las redes sociales. Hay muchas organizaciones que tienen todos los medios para usar las redes para su beneficio, pero no saben cómo hacerlo, ni tienen el tiempo de poder ser efectivos con la tecnología. Las familias con hijos adolescentes podrían ser las indicadas para servir encargándose de las redes sociales de alguna organización sin fines de lucro.

Conocimos a un chico de dieciocho años que vino este año a Ecuador. Vio las necesidades que teníamos en nuestra organización y empezó a crear formatos digitales para que pudiéramos ser más eficientes y eficaces. Su hermano participó y sus padres también. Toda la familia ha servido a nuestra organización.

Preparación:

- Se necesita muy poco para esto. Solo habría que encontrar a la organización, ya sea la iglesia, una escuela, u otra organización que tenga necesidades de actualizarse con las redes sociales y coordinar la información que habría que subir cada día o cada semana.
- Tienen que ser fieles como familia en cumplir con lo que pida la organización.

Recomendaciones:

- Es importante saber las expectativas que tiene la organización. ¿Quieren que nosotros como familia nos encarguemos de postear cada día la información? Si es así, ellos nos tendrán que dar toda la información para publicar.
- Si no quieren que estemos encargados de postear, entonces deberíamos saber cómo entrenar a algún miembro de dicha organización para que pueda hacerlo.

Beneficios:

- Los chicos usarán las habilidades que tienen con las redes sociales de manera positiva.
- La organización a la que serviremos estará feliz por tener sus redes actualizadas y funcionando bien.
- Nos unirá como familia ver que todos estamos sirviendo juntos y que otros se benefician con nuestro servicio.

12. Servir a personas discapacitadas

Esta es una idea para ayudar a nuestros hijos adolescentes a participar sirviendo a las personas con necesidades especiales.

Una vez fuimos con nuestra familia a servir en un hogar con niños discapacitados. Fue difícil para nosotros subirlos al autobús, llevarlos al teleférico en Quito y estar encargados de ellos todo el día. Esa noche cuando llegamos a casa estábamos todos agotados físicamente, emocionalmente y espiritualmente. No hablamos mucho durante la cena. Después leímos Mateo 25:31-46 y procesamos el día juntos.

Preparación:

- Contactarse con una fundación que sirva a los discapacitados. Coordinar la hora de nuestra visita y qué quieren exactamente que hagamos.
- Preparar a nuestros hijos para enfrentarse con personas que quizá nacieron así y no pueden hacer nada.
- Saber qué vamos a hacer con ellos. Quizá es solo ayudar a alimentarlos, llevarlos a la piscina, bañarlos o llevarlos a dar un paseo.

Recomendaciones:

- Tómense mucho tiempo después de la experiencia para procesar lo vivido. Pueden hacerles preguntas a sus hijos como: ¿cuál es la única diferencia entre estas personas y nosotros? Nosotros nacimos con un buen estado físico y algunos de ellos no. ¿Por qué creen que Dios permite esto? Dios desea que los que están más sanos sirvan a los que no tienen buena salud.
- Es bueno recordar que todos somos espiritualmente discapacitados hasta que conocemos al Señor y permitimos que Él nos cambie.

Beneficios:

- Los chicos usarán sus habilidades para servir a los discapacitados y esto hará que ellos aprecien su propia salud y su propia vida.
- Los de la organización estarán agradecidos por nuestra visita y nuestra ayuda.
- Las personas discapacitadas estarán agradecidas por tener a una familia que los sirva y los trata como seres humanos.

13. Servir a los ancianos

La idea es visitar a los ancianos que están aislados del mundo y a los que nadie visita. Nuestra familia puede visitarlos y darles ánimo, cantarles canciones, leerles algo que les interese o solo conversar con ellos y escuchar sus historias.

Preparación:

- Contactarse con una fundación que sirva a los ancianos para ver qué es lo que necesitan y cómo podríamos servirlos. También deberíamos coordinar la hora de visita.
- Como familia podemos hacer manualidades de antemano para enseñar en el hogar, o preparar canciones, historias o libros para compartir con ellos.

Recomendaciones:

- Tómense el tiempo necesario para escuchar a los ancianos. Algunos de ellos no tienen a nadie a quien contarles sus cosas.
- Si hay mucho tiempo en silencio, podrían hacer una manualidad juntos, o cocinar alguna comida.
- Trátalos como personas y no como ciudadanos de segunda categoría.

Beneficios:

- Nuestros hijos verán qué pasará algún día si viven suficientes años. Es importante invertir en las personas que amamos para que cuando nos toque vivir en la vejez, no estemos solos.
- Los encargados del hogar de ancianos estarán felices por nuestra visita.
- Los ancianos agradecerán a nuestra familia por la visita.
- Nuestros corazones estarán llenos por haber pasado un día bien invertido en el reino de Dios, sirviendo a gente que viven en soledad.

Esperamos que estas ideas sirvan para unir a tu familia y motivarlos a seguir sirviendo con tus hijos adolescentes. Abajo puedes anotar las tres ideas más posibles según tu contexto.

Anotar tres ideas que podrían funcionar:

____

____

____

____

____

____

¿Cuáles son algunos obstáculos que tendrían que vencer como familia para servir con estas tres ideas? ¿Cómo se podrían vencer esos obstáculos?

____

____

____

____

____

____

¿Qué fecha podrían anotar para implementar estas tres ideas?

____

____

____

____

____

____

HIJOS UNIVERSITARIOS INVOLUCRADOS EN EL SERVICIO

Sección 4

Cosechando lo sembrado: sirviendo como joven universitaria

(por Mishayla Brown Shannon)

CAPÍTULO II

"*¿Cuál es la esencia de la vida? Servir a otros y hacer el bien*". **Aristóteles.**

El servicio es algo muy importante para cada familia. Cuando servimos juntos, nos da una conexión enlazada de experiencias compartidas que nos une como grupo. Estas experiencias no solo nos pueden unir como familia, sino que también pueden tener un impacto significativo en nosotros y nuestros hijos, que nos impulsa a participar en el servicio todo el resto de nuestras vidas. Mis padres siempre nos involucraron en sus ministerios y después de varios años viendo el impacto del servicio que hacíamos juntos, decidí unirme al equipo Inca Link y servir a los más necesitados como misionera. Supe que este era el camino indicado para mí.

Servir como familia no solo nos impulsa a servir toda la vida, sino también afecta muchas áreas de nuestras vidas en general. El servicio afecta nuestra vida psicológica, académica y ocupacional, y también nos puede dar herramientas cruciales que podremos usar toda la vida. Servir con mi familia durante todos estos años me afectó de muchas maneras positivas. Me dio un corazón para servir a otros, y me mostró que todos pueden ser útiles para el reino de Dios.

Me di cuenta de que quería dedicar mi vida al servicio cuando tenía dieciséis años. Mi familia estaba sirviendo con un ministerio llamado Ganas. Este ministerio era para niños cuyos padres los habían abandonado, y cuyas madres estaban en la cárcel. No eran técnicamente huérfanos, pero tampoco tenían a alguien que los cuidara. Este ministerio empezó para que estos niños tuvieran un lugar (como un orfanato) para vivir, estudiar, y ser criados. Servimos allí por más de un año, hasta que una de las mujeres que trabajaba en Ganas le contó uno de los voluntarios que servía con nosotros que el encargado de Ganas, Carlos, estaba prostituyendo a los niños. Ella tenía una foto como prueba, y se la entregó, pero dijo que no podía testificar contra Carlos, porque él era un mafioso muy poderoso en Ecuador. Si él se enteraba de que ella había sido quien lo había traicionado, le haría mucho daño.

Ese voluntario que servía con nosotros fue directamente al INFA (Instituto Nacional de la Niñez y la Familia) y les entregó la información que esta mujer le había dado. Muchos pensarán que, con las pruebas que mostraban lo que Carlos estaba haciendo con los niños, sería suficiente para que fuera preso en pocas horas. Pero las cosas no funcionan así. La verdad es que con todo el papeleo que el gobierno tuvo que hacer y las investigaciones oficiales que tuvo que llevar a cabo, todo se hizo muy largo. Pasaron meses hasta que pudieron cerrar Ganas, y en ese lapso Carlos desapareció.

Durante el tiempo que esperábamos que el gobierno pudiera cerrar Ganas, Inca Link intentó abrir su propio ministerio para estos niños. De esa forma cuando Ganas se cerrara, los niños no serían forzados a volver a la calle, sino que tendrían otro lugar donde vivir. Pero eso también requirió de un proceso largo, y no recibieron los permisos a tiempo. Cerraron Ganas y todos los niños quedaron vulnerables y desamparados. Dijeron que iban a buscarles lugares seguros donde vivir, pero nunca pudimos comprobar eso. Yo estaba totalmente desconsolada ese día, porque, aunque estaba feliz de que los niños ya no estaban bajo el dominio de Carlos, también sabía que la vida que les esperaba en las calles o en otros hogares quizá no era mucho mejor. Estaba en mi cuarto llorando y rogando a Dios que ayude a estos niños. Le decía: "¿Cómo puede pasar algo así? ¿Porque no hay alguien que pueda ayudar a estos chicos?". Ese fue un momento crucial en mi vida: fue el momento en que me di cuenta de que Dios quería usarme para ayudar y servir a niños como los de Ganas. Si no hubiera estado sirviendo con mi familia en ese ministerio, nunca hubiera reconocido las necesidades que hay en este mundo, y nunca me hubiera dado cuenta de que necesito ayudar. En estas circunstancias, decidí estudiar sociología en la universidad.

A los dieciocho años entré a la universidad de mis sueños en Texas, Estados Unidos. Supe que los cursos allí iban a ser muy difíciles y que iba a tener que estudiar mucho. También sabía que el costo de esta universidad era bastante alto para una extranjera como yo y que, por lo tanto, iba a tener que buscar un trabajo para poder pagar el alquiler, la comida y la matrícula. Igual seguía en mí el deseo de servir a la comunidad. No lo podía ignorar y por eso fui voluntaria para una pequeña organización que trabajaba con niños de bajos recursos. Ya había visto la realidad de niños en situaciones similares antes, y sabía que nosotros como cristianos teníamos que responsabilizarnos en amar a estos niños. No pude olvidarme de los niños de Ganas, y no pude hacer la vista gorda a los necesitados que me rodeaban en Texas.

La etapa universitaria es una etapa crucial. Es el momento en el que adoptamos e incorporamos los valores que nos han enseñado y formamos patrones de por vida. Los padres no deben esperar la etapa universitaria para recién ahí pedirles a sus hijos que acomoden sus agendas y le den un lugar al servicio. El valor del servicio debe enseñarse mucho antes porque éste otorga enseñanzas que nos ayudan en todas las etapas de la vida.

Cuando tenía siete años, la banda de mi mamá, Corban, decidió ir de gira a la selva de Perú. Corban es una banda misionera, entonces iba a lugares remotos donde ninguna otra banda llegaba. En esta instancia particular estábamos yendo muy adentro de la selva, a lugares muy remotos y la única manera de llegar era por el río Amazonas. Alguien de la banda compró pasajes para que viajáramos en lo que llamaron "un crucero". La verdad es que este "crucero" era en realidad un buque que se usaba para llevar ganado y bienes de una parte del país a otra (unos viajes después de que lo tomamos nosotros, se hundió, y casi todos en el barco murieron). Con todos los animales, los bultos, y más de doscientos pasajeros, estábamos muy apretados. No había cuartos entonces tuvimos que comprar hamacas y colgarlas en la cubierta al lado de todos los demás pasajeros. Tampoco había suficiente comida para todos, entonces solo nos daban media porción de avena aguada al día. Estuvimos en este bote tres días, muertos de hambre, pero al terminar el viaje, llegamos por fin a la selva para empezar a servir. La banda tocó en varios pueblos; algunos conciertos tenían mucha gente y otros tenían pocos, pero fue espectacular ver cómo la gente se emocionaba al ver llegar una banda a su pueblo tan pequeño y remoto. Mis hermanos y yo estábamos involucrados en este ministerio también. En una canción subíamos al escenario para cantar el coro, que decía: "Es con Cristo, que sí se puede". Aunque no hacíamos algo crucial, nos sentíamos parte de la banda, hasta nos dieron el nombre de "Mini Corban". En vez de aburrirnos escuchando las mismas canciones y prédicas cada noche, nos emocionábamos al poder subir al escenario y ser unas estrellas de rock con la banda.

A veces pensamos que, si servimos con nuestros hijos, ellos van a sufrir, y no queremos que nuestros hijos sufran. Pero la verdad es que los niños son muy flexibles y resistentes. En ese viaje de servicio a la selva, la peor parte del viaje para mis padres fue el "crucero", pero cuando volvimos a casa, y nos preguntaron cuál había sido nuestra parte favorita, mis hermanos y yo contestamos, "¡el crucero!". Fueron tres días de atención total de nuestros padres y sus amigos. No tenían otra opción que jugar al Uno y hacernos trenzas en el pelo todo el día, y todos juntos. Hasta en la hora de la siesta, no nos mandaban nuestro cuarto (no había), sino que ¡todos los pasajeros iban a sus hamacas para tomar una siesta! La parte que ellos vieron como sufrimiento, a nosotros nos gustó mucho. Los niños tienen ideas frescas y diferentes que nos pueden dar una nueva perspectiva de cómo estamos ayudando cuando estamos sirviendo. La banda aún sigue haciendo giras por toda América. Por muchos años, mis hermanos y yo seguimos acompañando a la banda cuando estaban de gira, y aunque a veces fue duro, son algunos de los mejores recuerdos que tengo de mi niñez y adolescencia. Estoy muy agradecida de que nos dejaran tomar parte en ese ministerio y si surgiera la oportunidad de viajar a lugares muy remotos para servir, lo haría sin pensarlo dos veces.

Esto fue un tiempo de servicio como familia que me tocó el corazón, aunque yo sólo era una niña de siete años. No entendí el impacto que tuvieron esas experiencias a esa edad, pero al crecer, vi cómo me había moldeado la vida de servicio. Hay momentos impactantes cuando somos niños, adolescentes, jóvenes, o adultos. No deberíamos impedir estos momentos importantes para los niños y adolescentes sólo porque pensamos que no son lo suficientemente grandes para la experiencia o porque tenemos temor de que vayan a sufrir.

Los niños y preadolescentes pueden ser impactados por las experiencias de servicio, pero ellos también pueden ayudar a impactar las vidas de otros. Cuando tenía diez años, mi familia viajó cuatro horas a una ciudad muy pequeña en la costa del Ecuador llamada Bramadora, para que mi papá pudiera predicar en una iglesia. Estábamos en pleno año escolar y como nos íbamos a quedar en Bramadora unos días, íbamos a perder algunas clases. Mis padres nos dijeron que solo podíamos ir con ellos si hacíamos algún servicio ministerial mientras estábamos allí. Durante todo el viaje, mis hermanos y yo hablamos sobre cómo podíamos servir, y finalmente decidimos que queríamos hacer un programa de Escuela Dominical para los niños mientras mi papá predicaba. Ahora bien, quiero repetir que yo sólo tenía diez años, mi hermana mayor tenía doce, mi hermano ocho, y mi hermanita menor cinco, y no teníamos la menor idea de lo que hacíamos. Pero igual, los cuatro preparamos canciones para cantar, juegos para jugar, y yo preparé una prédica que había oído en la escuela.

Esperábamos que vinieran unos diez niños, pero cuando llegó la hora del culto, ¡llegaron más de treinta! Igual hicimos nuestra reunión como la habíamos planeamos (no nos quedaba otra). Fue un caos total, y no sé si alguien de ese grupo de niños aprendió algo sobre la Biblia ese día, pero lo que sí sé es que, en el culto de los adultos, sí hubo personas que aprendieron sobre el amor de Dios porque los padres de los niños pudieron concentrarse en la prédica. El servicio que nosotros hicimos ese día fue impactante, no necesariamente para los niños sino para los padres que normalmente tenían que preocuparse por sus hijos durante el culto, y que ahora habían podido escuchar el mensaje con atención. Nosotros tuvimos un rol secundario en el impacto que el servicio tuvo en esa ciudad.

Ese día aprendí muchas cosas sobre el servicio. En primer lugar, aprendí que, aunque sólo era una preadolescente, Dios me podía usar, y que Él puede usar a cualquier otro niño, adulto, persona de la tercera edad, o a quien sea que Él desee para su gloria. Muchas veces ignoramos a los niños, y no los dejamos participar en los ministerios. Pensamos que no pueden contribuir. Pero aun con sus imperfecciones y errores, los niños pueden servir, y ese servicio no solo beneficia a otros, sino que los beneficia a ellos mismos en esa etapa y para toda la vida.

En segundo lugar, aprendí que preparar cualquier evento, ya sea una reunión, un estudio bíblico, una Escuela Bíblica de Vacaciones, o cualquier otro tipo de servicio, requiere mucha planificación para que sea efectivo. Claro, a veces alguien nos sorprende con algo, o surge una oportunidad en el momento y tenemos que trabajar con lo que tenemos, exactamente como lo hicimos mis hermanos y yo ese día. Pero si podemos, debemos tomarnos el tiempo para planificar bien. Estoy feliz de haber aprendido esta lección cuando tenía diez años y no en la universidad.

En tercer lugar, aprendí que a veces Dios te llama a hacer algo que no es lo principal dentro de su plan. A veces Él necesita que tú hagas algo pequeño, para que otros puedan hacer algo más grande para su reino.

Aprendí todas estas cosas cuando sólo tenía diez años, pero claro, solo cuando fui mayor pude ordenar en mi mente lo que había aprendido para que me ayudara el resto de mi vida. En la universidad fue cuando recordé estas experiencias y me di cuenta de cómo desarrollaron en mí una pasión para servir el resto de mi vida. En la universidad es cuando tuve que decidir por mí misma si iba a abrir espacios en mi vida para el servicio, o iba a dejar todo eso atrás. Como tuve tantas experiencias impactantes en mi niñez y adolescencia, no podía dejar atrás el valor del servicio, más bien decidí entregar mi vida a Dios para que me use como pueda con los más necesitados y marginados de este mundo. Esto también me ayudó a tomar buenas decisiones en cuanto a qué estudiar en la universidad. Quiero estar preparada y ser útil.

Ahora me doy cuenta de que estas experiencias me dieron la confianza y las herramientas para ser una líder, y me prepararon para la vida de servicio que sigo hasta hoy. Aun cuando somos pequeños, podemos obtener herramientas que nos ayudarán en todas las etapas de la vida.

Hay muchos estudios que muestran el gran impacto que causa el servir y el ser voluntarios en la vida de una persona. Los estudios muestran que servir durante la adolescencia ubica a los jóvenes en un camino más sano y exitoso. El Child Trends Databank dice: "Los adolescentes que son voluntarios son menos propensos a embarazarse o usar drogas, y son más propensos a tener un rendimiento positivo en las áreas académicas, psicológicas, y ocupacionales". Esto significa que servir con toda la familia no sólo les da una buena perspectiva del mundo y de las necesidades que hay en él, sino que también los ayuda en sus estudios, en su futuro trabajo, y en su bienestar emocional.

También se ha visto una asociación entre el servicio y el desarrollo del respeto hacia otros y las habilidades de liderazgo que pueden ayudar a los adolescentes cuando entran en la etapa de adulto (Child Trends Databank). Humillarte a servir a los necesitados te ayuda a ver a las personas necesitadas no como personas que tomaron malas decisiones, sino como seres humanos que tienen potencial en la vida también. Esto incrusta en nosotros un respeto para estas personas, y nos hace menos críticos. Servir también nos da herramientas de liderazgo que afectan cada área de nuestras vidas y que nunca se olvidan.

No sé si me hubiera involucrado en servir a niñas de SOS en Texas si el servicio no fuera un valor que me fue inculcado durante toda mi crianza. Me apena pensarlo, pero creo que no lo hubiera hecho. Esa experiencia me cambió la vida. Servir como adulta, sin que mis padres estén conmigo me enseñó mucho. Conocer la pobreza emocional, espiritual y material aun en un país desarrollado, me inspiró mucho en la universidad. Pude ver que, si mantenemos los ojos abiertos, veremos dónde Dios nos puede usar. También selló en mí la esperanza que solo se encuentra en Dios. Vi que con Dios o sin Dios encontraremos sufrimiento y dificultades, pero con Dios uno puede pasar esas circunstancias con esperanza, y eso hace toda la diferencia. Las dificultades sin esperanza resultan en desesperación. Introducir a Jesús en la vida de los que desesperan, como estás niñas en Texas, es traerles esperanza. Les cambia la vida.

Ni yo ni mis hermanos podemos negar el fruto de haber pasado tiempo ayudando a personas necesitadas. Aprendimos mucho de nosotros mismos y de las personas que viven alrededor nuestro y por todo el mundo. Aprendimos a respetar a las personas que tienen diferentes costumbres y valores que nosotros. Servir nos dio herramientas útiles que afectaron nuestro ser emocional (psicológicamente), nuestro ser mental, y nuestro ser espiritual. Llegando a la universidad, adopté los valores que nos habían enseñado en nuestra niñez, preadolescencia, adolescencia y también como jóvenes. Estos valores fueron incorporados como parte del ritmo de nuestras vidas. Con tantos aspectos positivos, no deberíamos tener tanto miedo de involucrar a los niños, jóvenes, o a cualquier otra persona en los ministerios de servicio. Ya verás los frutos de estas prioridades en la vida de tu hijo universitario. Dios nos usa a todos, y es un honor poder ser usado por Él.

El profesor llega a ser el aprendiz

¿Cómo enseñarles a mis hijos universitarios a involucrarse en la obra social?

(por Elisa Shannon Brown)

CAPÍTULO 12

"No hay escuela igual que un hogar decente, y no hay maestro igual a un padre virtuoso". **Mahatma Gandhi**

Hace un tiempo Olivia posteó en Facebook unas fotos de nuestra familia tomando unas vacaciones. Como ya mis hijos son todos mayores de edad y tres de ellos están viviendo en otros países, estas vacaciones eran únicas. Entre las (muchas) fotos que posteó, hubo una de mi hijo Josiah y yo, sentados en una cama, y él leyéndome un libro. Inmediatamente empezaron los comentarios: "Cómo han cambiado las cosas, ahora el hijo le lee a la mamá", "Ahora sabemos por qué le enseñaste a leer", "Volver al punto de partida", etc. Me hizo reír porque en realidad, con todos mis hijos ya universitarios (bueno, para Alexa sólo faltan unos meses), estoy viviendo algo que no me lo imaginaba.

Cuando mis hijos eran pequeños, Rich y yo nos tomábamos un tiempo en las noches para acostarlos en sus camitas, leerles un cuento, orar, bendecirlos y apagar las luces. Ahora, ellos se quedan despiertos hasta tarde, entonces cuando me voy a dormir, los llamo para que oren conmigo y me "apaguen las luces". Cuando mis hijos eran pequeños y estábamos escuchando la radio, yo cambiaba el canal, o muteaba la canción cuando decía algo inapropiado. ¡Ahora mis hijos hacen lo mismo para proteger mis oídos de malas palabras! Cuando mis hijos eran pequeños, yo les indicaba si lo que tenían puesto no combinaba o era inadecuado, ¡ahora mis hijos me dicen qué debo ponerme! Cuando mis hijos eran pequeños, yo les indicaba las películas que podían ver, y las que no. Ya saben lo que pasa ahora: mis hijos me protegen de películas que saben que voy a odiar, o que me van a perturbar demasiado (como las de terror, que no aguanto). No les voy a mentir. ¡Me encanta esta etapa! ¡Nunca lo imaginé!

De la misma forma, el fruto de tener una vida sirviendo como familia llega a florecer de manera increíble en la etapa de universitarios. Es cuando uno ve crecer la semilla que sembró y sobrepasa las expectativas que teníamos. Nuestros hijos toman nuestras ideas ya anticuadas, y la llevan a otro nivel. ¡Es en esta etapa donde empezamos a aprender de nuestros hijos! Un padre, una madre sabia se toma el tiempo para prestar atención a lo que está haciendo y viviendo nuestro universitario. Tienen ideas revolucionarias que pueden cambiar el mundo.

Realmente fue al ver cómo nuestros hijos universitarios tomaban algo que habían aprendido sirviendo y lo llevaban a otro nivel, que tuvimos la idea de involucrarlos en escribir este libro. Sabíamos que ellos podían expresar mucho mejor lo que habían vivido y por qué piensan que fue un valor importante en la vida de nuestra familia.

Como cité más arriba, en 3 Juan 1:4 dice: *"Para mí no hay mayor alegría que la de oír que mis hijos viven de acuerdo con la verdad"*. Proverbios 10:1 dice: ¡Qué felices viven los padres de un hijo sabio! Y Proverbios 23:15-16: *"Hijo mío, qué gozo tendré si llegas a ser un hombre sabio; hasta en lo más profundo de mi ser me alegraré cuando hables con justicia y rectitud"*. Hemos vividos momentos muy hermosos al ver a nuestros hijos seguir el valor de bendecir a otros con las bendiciones que hemos recibido. Pero una vez más quiero aclarar aquí, así como en el inicio de este libro, que no somos la familia perfecta. No existe una familia perfecta, ni en la Biblia. Hay cosas que mis hijos hacen que no entiendo. Han tomado decisiones que yo no hubiera tomado, hasta hay doctrinas con las cuales no todos estamos de acuerdo. Pero, aun así, con estas diferencias, disfrutamos de ver que nuestros hijos siguen amando a Dios y sirviendo a otros.

En el capítulo anterior Mishayla cuenta la triste historia de nuestro involucramiento con Ganas, y las injusticias que ella vio a los dieciséis años. Como padres, Rich y yo estábamos bastante preocupados por el hecho de que nuestros hijos estuvieran tan cerca de tanta maldad. Uno no puede servir a los más necesitados sin ver abusos horrorosos y la perversidad de los hombres. Entre los dos, discutimos si deberíamos proteger a nuestros hijos de estas realidades. Les diré que sufrimos mucho con este dilema. Decidimos poco a poco, que nunca expondríamos a nuestros hijos al riesgo de ser abusados, pero que a cierta edad no les ocultaríamos la realidad de una vida sin Dios y la realidad de las injusticias que tienen que vivir los pobres. En el caso de Ganas, aunque una que otra vez nos acompañaron nuestros hijos más chiquitos (Josiah y Alexa), más que nada dejamos a las más grandes involucrarse en el ministerio, cuidando que siempre estuvieran a nuestro lado, o a lado de nuestros compañeros en el ministerio, en quien confiábamos plenamente.

En la etapa de jóvenes maduros y universitarios, es muy común y saludable que conozcan mejor las injusticias de este mundo. Ellos son el futuro, y queremos que se indignen por las injusticias. Esta es la etapa donde tienen que aprender que la justicia del hombre no es adecuada. Que la justicia real queda solo en Dios. Es cuando esta cita de Shane Claiborne viene a la realidad: "Dios consuela al perturbado, y perturba al cómodo". Queríamos que nuestros hijos mayores vean esta realidad.

Cuando yo era universitaria, vi un video corto cuyo contenido era citas de misioneros famosos. Entre esas había una de C.T. Studd, misionero británico que estuvo en China, India y África. Él dijo: "Algunos quieren vivir al alcance del sonido de una campana de iglesia. Yo quiero dirigir una casa de rescate a metros del infierno". Me acuerdo que me motivó mucho el escuchar esta cita, y pensé "yo también". Claro, después llegué a ser misionera y madre, y bueno, uno ya tiene que pensar siempre en lo mejor para nuestros hijos. Entre consejos y lecturas bíblicas, con el correr de los años supimos que Dios está en medio de los necesitados. Y si queremos que nuestros hijos vean a Dios, lo mejor que podemos hacer es llevarlos a donde Él está obrando, donde Él nos puede usar. Esto requiere de sabiduría por parte de nosotros como padres, para conocer bien a nuestros hijos y saber cuándo tienen la madurez de aguantar y procesar las injusticias más severas de este mundo.

Mishayla describe el desconsuelo que sentía al ver la injusticia de la situación de Ganas. Es importante que acompañemos a nuestros hijos en esta frustración y lloremos con ellos y que, al mismo tiempo, les demos el ejemplo de que en Dios uno nunca pierde la esperanza.

Me acuerdo que hablamos bastante sobre el versículo de Miqueas 6:8. ¿Qué podemos hacer nosotros ante tanta impotencia? Miqueas tiene la respuesta:

"¡Pueblo de Dios! Ya el Señor les ha dicho qué es lo que él espera que ustedes hagan. Ya él les ha enseñado lo que es bueno y espera que ustedes hagan. Lo que el Señor les pide es que practiquen la justicia, que sean misericordiosos y que vivan siguiendo fielmente sus instrucciones".

Es muy importante despertar a nuestra responsabilidad ante un mundo perdido. Me acuerdo que una vez mi sobrina, también universitaria, cuestionaba la idea de que Jesús estaba con los pobres. Poco después de que conversamos sobre esto vi esta cita de Adbu'l-Bahá: "A veces quiero preguntarle a Dios por qué permite la pobreza, la hambruna, y la injusticia cuando Él podría hacer algo al respeto, pero tengo miedo de que me pregunte lo mismo".

Y aquí llega otro dilema. ¿Nuestros hijos pueden ser parte del mundo, aunque no son del mundo? Juan 17:14-18 dice que, así como Jesús no era de este mundo y había sido enviado a este mundo, nosotros no somos de este mundo, pero nos está enviando a este mundo.

"Yo les he dado tu palabra, y el mundo los odia porque no son del mundo, como yo tampoco soy del mundo. No te pido que los saques del mundo, sino que los protejas del maligno. Ellos no son del mundo, como tampoco yo soy del mundo. Santifícalos en tu palabra que es la verdad. Yo los envío al mundo, así como tú me enviaste al mundo".

Recuerdo que hace muchos años Rich enseñaba evangelismo en el seminario y les pidió a sus alumnos que le entregaran una lista de cinco conocidos con quienes se veían todos los días pero que no conocían a Dios. Esa noche llegó a casa y decidimos hacer el mismo ejercicio, ¡y no pudimos! Sentimos mucha vergüenza. Claro, recién habíamos llegado a Perú como misioneros y estábamos muy ocupados con el grupo de jóvenes de la iglesia, enseñando en el seminario, y criando a nuestros hijos... ¡pero igual! ¿Qué clase de misioneros no tienen conocidos inconversos? Inmediatamente hicimos un plan para conocer a las personas del vecindario. Rich empezó a jugar fútbol con los vecinos, y yo a juntarme en el parque con madres de preescolares. Entendimos que, aunque no somos de este mundo, hemos sido enviados a este mundo para amar, cuidar, bendecir y ser ejemplo a los que nos rodean. Es en esta etapa de jóvenes universitarios cuando más tenemos que confiar en la obra de Dios en la vida de nuestros hijos, y en las semillas que sembramos todos estos años. Ya son grandes y hay que soltarlos.

En el capítulo anterior podemos ver que las experiencias de servicio que tuvo Mishayla como niña la ayudó a tener la convicción de servir toda su vida. Ahora bien, vale la pena recalcar que, de nuestros cuatro hijos, la única que decidió servir formalmente en el ministerio es Mishayla. Una vez más, no estamos enseñando en este libro que nuestros hijos deben aprender a servir desde pequeños para que lleguen a ser pastores o misioneros a tiempo completo. Estamos muy felices de que Mishayla vaya a dedicarse a las misiones con niños en riesgo en Perú, pero esto no es la meta para cada uno de nuestros hijos. Todos tienen su propio llamado. Lo que sí queremos enseñar con este libro es que el servir a otros en familia, enseña a nuestros hijos (y a nosotros como padres) la importancia de bendecir a otros durante toda la vida. Involucrarse en el servicio es simplemente un paso más para el crecimiento espiritual. Podemos involucrarnos de muchas maneras. Mi hija Olivia es periodista, y dentro de su trabajo hace todo lo posible para glorificar a Dios, y a la par trabaja sirviendo a los más necesitados de su comunidad.

Cuando todos mis hijos (todavía falta Alexa) estaban en la universidad, siempre sirvieron a otros. Olivia y su esposo Mark sirvieron dentro del equipo de alabanza de una iglesia pequeña; Mishayla, cada miércoles durante tres años, iba a una comunidad pequeña y muy necesitada en las afueras de su ciudad, para pasar tiempo con niñas cuyos padres estaban en la cárcel o cuyas madres trabajaban todo el día y no podían pasar tiempo con sus hijas. Allí fue donde ella dice que maduró mucho espiritualmente. Josiah tocó el piano durante dos años en las reuniones de su universidad y también usó su liderazgo en el fútbol para fomentar una comunidad y hablar de temas candentes en cuanto al mundo en la cual vivimos. Alexa dice que también quiere servir donde vaya en el futuro. Como ven, cada hijo tomó su rumbo, con los valores y experiencias vividas en nuestro hogar. Aun ahora, cada vez que nos juntamos hablamos de cómo podemos amar mejor a nuestro prójimo.

Así como no esperaba que mis hijos me enseñaran a mí en esta etapa, tampoco esperé la montaña rusa que es ser mamá de un universitario. Como dice el famoso dicho: "Niños pequeños, problemas pequeños. Niños grandes, problemas grandes". Es un tiempo donde se presentan muchas decisiones grandes, y uno como padre tiene que guiar más y mandar menos. En ninguna otra etapa se tiene que ejercitar el consejo de mantener la boca cerrada, los ojos abiertos, y las rodillas dobladas en oración, tanto como en esta etapa. Esperar que nos pidan consejo sobre alguna decisión en vez de solo tomar la decisión por ellos es muy difícil, pero muy importante. Ningún hijo es igual al otro, y Dios tiene un plan diferente para cada uno. Tengamos fe de que Él va hacer su obra, y que Aquel que la buena obra empezó, será fiel en completarla. Esperemos que como universitarios puedan tomar todo lo que les hemos enseñado (con palabras y con el ejemplo) y multiplicarlo entregándolo al Señor.

Mishayla contó una experiencia en un bote o "crucero". ¿Cuándo estuviste en una situación que pensaste que iba a ser miserable, pero al final resultó ser una buena experiencia?

Mishayla también contó cuando tuvo que preparar un programa de niños sin mucha preparación. Si te tocara preparar un programa en algo en menos de una hora, ¿qué harías? ¿Qué pasos tomarías para estar mejor preparado?

A veces nuestro servicio tiene un rol secundario con respecto a otro servicio más importante. ¿Qué programa podrías hacer para servir a otros de manera que, aunque no fueras el foco principal podrías contribuir en un proyecto secundario?

---

14 ideas para servir con universitarios

(por Rich Brown)

CAPÍTULO 13

"Si tienes una familia que te quiere, unos cuantos amigos, comida sobre la mesa y un techo sobre tu cabeza, eres más rico de lo que piensas". **Anónimo**

Este capítulo es práctico y en él hay ideas para servir a niños, ancianos, gente sin techo y a la comunidad. Usa esta sección para encontrar ideas para ir como familia con tus hijos universitarios. Además de las ideas incluimos una recomendación y los beneficios familiares que podrían tener al usar esa idea. Al final del capítulo hay una guía práctica para ayudarlos a organizarse bien para servir.

1. Servir en un orfanato

Servir a los niños más necesitados es obedecer lo que dice Santiago 1:27. Es bueno e importante bendecir a los huérfanos y mostrarles afecto en un ambiente sano.

Preparación:

- Recoger y organizar la ropa, comida, útiles, etc., para donar.
- Prepar un programa para los niños que incluya juegos, dinámicas, un pequeño estudio apropiado para la edad, y música. Aunque a veces las necesidades más grandes en un orfanato son ayudar en la cocina, la limpieza, etc., también hay oportunidades para pasar tiempo con los niños y es importante estar preparados como grupo para tener mayor impacto.

Recomendaciones:

- Coordinar con la iglesia local para ver si ya tienen un ministerio con huérfanos. Si no lo tienen podríamos ayudarlos a marcar una diferencia en la vida de estos niños. Si ya lo tienen podremos preguntarles de qué forma podemos ayudarlos en este ministerio.
- Llevar donaciones para estos niños. Hay que hablar con los encargados del albergue y preguntarles qué necesidades tienen (comida, ropa, útiles de colegio o lo que sea), queremos bendecirlos y llevar lo que sea especialmente útil para ellos.

Beneficios:

- Pocas cosas sensibilizan tanto al corazón de un joven como el darse cuenta de cuánto tiene y cuántas personas tienen mucho menos que ellos.
- El efecto del servicio es inmediato. Esos niños mostrarán mucho interés en los visitantes y nuestra familia se sentirá también inmediatamente identificada con ellos.
- Podemos ser de ejemplo para la iglesia local para que no se olviden

de aquellos que Dios dice que son nuestra responsabilidad.

Nuestra casa de huéspedes de Inca Link Ecuador está a un kilómetro de un orfanato para niños con necesidades especiales. Siempre necesitan ayuda porque la mayoría no puede caminar, vestirse, comer ni bañarse sin ayuda. Un día fuimos con dos familias para ayudar en este orfanato y nos pidieron por favor que les diéramos de comer y que después los alistáramos para ir a dormir. ¡No teníamos idea del trabajo que iba a ser!

Primero, solamente el darles de comer, cuchara por cuchara, fue un gran trabajo. Después nos tocó llevarlos a la ducha. No puedo describir lo que se siente al ayudar a bañarse a un niño de catorce años. Es un servicio que me dejó sintiéndome muy pequeño y también muy agradecido.

Muchos héroes de la fe moderna (como la Madre Teresa y Henri Nouwen) encontraron a Dios sirviendo de esta forma. Sirvamos a los huérfanos de nuestros países.

2. Música para niños de un albergue

A los niños les encanta cantar canciones. Algunos cantan mejor que otros, pero a todos les gusta la música. Colosenses 3:16 nos enseña que debemos cantar salmos, himnos y canciones espirituales a Dios, con gratitud.

Preparación:

- Decidir quién de la familia tocará algún instrumento y quién dirigirá la canción.
- Tener tres o cuatro canciones listas.
- Tener tres o cuatro rimas listas.
- Tener las mímicas y coreografías listas y preparadas para enseñarles a los niños.

Recomendaciones:

- Compartir canciones y rimas que los niños conozcan y ustedes como familia también pueden enseñarles algunas nuevas también.
- Podemos usar la creatividad y cantar canciones más modernas y de diferentes estilos (rock, pop, rap, cumbia, merengue, reggaetón, etc.).

Beneficios:

- Nos traerá felicidad a nosotros y a nuestra familia.
- Pasaremos un lindo tiempo preparándonos aprendiendo las

canciones y las mímicas y coreografías para enseñar a los niños.
- Los niños estarán más que felices. ¡Cantar alegra el corazón!

3. Dinámica de las palabras que faltan (por Kazzandra Castillo)

Enseñar a los niños a pensar por sí mismos es un buen ejercicio. Es bueno ayudarlos a encontrar las palabras que están faltando en un libro hecho por la familia. Esto podría ser en formato de juego o podría ser en un formato de enseñanza.

Preparación:
- Armar libros para colorear de cinco a diez páginas. Debe tener un dibujo grande en toda la hoja y un espacio para las letras que van a pegar los niños. Por ejemplo, si es un dibujo de un árbol, poner los espacios para las letras _ _ _ _ _. Ellos tienen que identificar las letras que van en el orden apropiado.
- Imprimir letras pequeñas (cuatro de cada letra) de varias palabras y ponerlas en una bolsa antes de hacer una lista de palabras con los niños pequeños.
- Saber de antemano las edades de los niños.
- Tener goma para pegar las letras

Recomendaciones:
- Elegir un orfanato o un albergue donde poder servir. También podría ser una iglesia donde haya muchos niños y que necesite ayuda para hacer algo diferente con ellos.
- Usar esta dinámica como un juego, enseñanza o rompehielo.

Beneficios:
- Es lindo ayudar a los niños a aprender nuevas palabras o a poner las letras en orden para formar palabras.
- Ustedes como familia podrán ser creativos en armar un libro con dibujos y palabras para enseñar.

4. Actuación para niños

Preparación:
- Elegir tres o cuatro historias de la Biblia que sean apropiadas para las edades de los niños.
- Elegir tres o cuatro historias que no sean de la Biblia que sean apropiadas para las edades de los niños.

Recomendaciones:
- Sugerimos usar historias como la de Jonás en el pez, o Daniel en

el foso de los leones, etc. para niños mayores de seis años, para no asustar a los pequeños.
- Sugerimos tener diferentes disfraces para tener accesorios para las historias, pueden ser sábanas, o gafas, etc.

Beneficios:
- A los niños les encanta participar en una historia. Sienten que están entrando en el mundo de la Biblia o en la historia que ustedes les cuentan.
- Ayuda a tus hijos usar su creatividad para ver cómo involucrar a los niños.

5. Servir en un hogar de ancianos

Siempre se puede aprender mucho de los ancianos. Es interesante ver a un joven acercarse a un anciano y verlos enriquecerse mutuamente. El anciano siempre se alegra de tener visitas de gente joven y el joven se sorprende al escuchar las experiencias y sabiduría del anciano. Es una oportunidad de servir a un grupo de personas que ya pasaron por muchas cosas en este mundo. Quizá haya algunos que tienen remordimientos, por lo que a la vez será un ministerio muy importante el ayudarlos a perdonar su pasado y asegurar su futuro eterno. Una visita en familia con este proyecto puede abrir los ojos de nuestros hijos e hijas para llevarlos a tomar buenas decisiones en el futuro, y así tener paz.

Preparación:
- Ir armados con música, mimos, teatros, juegos y todo el programa para gente de la tercera edad.
- Tener una historia lista para contar o actuar. Puede ser de la Biblia o no. También puede ser alguna historia relacionada con el país del que provienen algunos de ellos, si es que tenemos ese dato.

Recomendaciones:
- La iglesia local debe recomendar los lugares que hay que visitar. Ellos tienen que ayudarnos con los contactos y los horarios de visitas.
- Ir con mucha paciencia. Algunos ancianos ya no recuerdan casi nada y es fácil que nos hagan la misma pregunta veinte veces. La memoria les falla, pero los sentimientos siguen allí. Como dijo Maya Angelou: "Las personas olvidarán lo que dijiste y lo que hiciste, pero nunca olvidarán cómo las hiciste sentir".

Beneficios:

- Muchos ancianos en los asilos se sienten extremadamente solos y esta es una oportunidad de hacerlos sentir acompañados, sobre todo por el Señor.
- Los jóvenes suelen perder de vista que todos envejeceremos y que lo que hacemos hoy repercute en el mañana. Además de la ayuda a los ancianos, aquí hay una poderosa lección para que ellos aprendan.
- Podemos ser las mismas manos, bocas y oídos del Señor para esta gente.
- Podemos comenzar un valioso ministerio para la iglesia local que continúe cuando nos vamos del hogar de ancianos.

En cierta ocasión visitamos un asilo de ancianos que no dejaban de sonreír mientras cantábamos. Era como si la música fuera un bálsamo para su alma. Pero lo más poderoso fue notar cómo muchos de los que reían luego lloraban cuando nos íbamos porque nadie de su familia los había visitado. Fue una experiencia inolvidable para todos nosotros. Requiere de muy poco, pero impacta mucho a todos.

6. Comprar y repartir comestibles y cocinar para los ancianos vecinos

Hay muchos vecinos y amigos ancianos que estarían contentísimos al recibir una visita con alimentos y comida ya cocinada. Les levanta su espíritu. Les hace sentir que hay otros pendientes de ellos y nos ayuda a cumplir con la verdadera religión: cuidar a los huérfanos y viudas y viudos.

Preparación:

- Necesitamos dinero. Cada uno en la familia podría sacrificar algo de sus ahorros para ir a comprar alimentos para los ancianos.
- Ir al mercado y buscar una buena calidad de comida con un buen descuento.
- Cocinar una o dos comidas en cantidad para llevar a varias familias que tengan ancianos en la casa.

Recomendaciones:

- La iglesia local podría sugerirnos los ancianos más necesitados que se encuentran cerca. También podemos simplemente estar atentos cuando estamos manejando o caminando por la calle para notar a los ancianos que estén solos.
- Usar platos desechables para que no tengan que ocuparse de lavarlos ni de devolverlos.

- Escribirles una nota donde les decimos que son especiales y que los apreciamos.
- Si ellos quieren que ustedes los acompañen, podrían hacerlo. Muchas veces los ancianos no tienen con quién hablar.

Beneficios:

- Los ancianos se sentirán valorados y acompañados.
- Nuestros hijos se sentirán bien por servir a gente en necesidad.
- Nuestra familia podrá ver cómo otras familias tratan a los miembros más viejos en la familia y podremos aprender cómo mejorar para nuestros miembros más ancianos.

7. Acompañar a los ancianos a una cita médica

Los ancianos a veces se sienten atrapados porque no tienen cómo movilizarse ya que todos estamos muy ocupados como para llevarlos al médico. En este proyecto podríamos llevarlos a una cita médica.

Preparación:

- Coordinar para la cita médica. ¿A qué hora es? ¿Dónde? ¿Cuánto tiempo demorará? ¿Qué necesitamos saber antes de la cita?

Recomendaciones:

- La iglesia local podría sugerirnos los ancianos más necesitados que se encuentran cerca. También podemos simplemente estar atentos cuando estamos manejando o caminando por la calle para notar a los ancianos que estén solos.
- Estar dispuestos también a llevarlos a comprar su medicina después de la cita.
- Al llevarlos al auto o mientras se espera la cita hacerles preguntas sobre su vida. A ellos les encanta contar historias.

Beneficios:

- Los ancianos se sentirán valorados y acompañados.
- Nuestros hijos se sentirán bien por servir a gente en necesidad.
- Podremos escuchar buenas historias de sus vidas.

8. Leer periódicos o libros a los ancianos

Muy pocas personas leen el periódico ahora, pero a los ancianos sí les gusta tener un periódico físico para leer. Así se acostumbraron cuando eran más jóvenes. Muchos de ellos ya no pueden leer muy bien. Esta es una oportunidad de servirlos leyendo, cantando una canción o jugando con ellos.

Preparación:

- Buscar un hogar de ancianos y pedir una cita para poder servir allí.
- Encontrar los periódicos del día y resaltar algunos artículos que podrían leer nuestros hijos.
- Aprender algunas canciones para cantar con los ancianos, esto siempre les encanta.
- Tener juegos listos para jugar con ellos.

Recomendaciones:

- Sugerimos involucrar a sus hijos en la elección de los artículos, canciones y juegos.
- No hagan esta actividad solamente una vez. Sugerimos hacerla mensualmente. Esto ayudará a que sus hijos empiecen a conocer a las personas que viven en el asilo. También ayudará a que los residentes conozcan a sus hijos.

Beneficios:

- A los ancianos les encanta cantar, escuchar lecturas y jugar. Les alegrará mucho su visita.
- Les enseña a nuestros hijos las dificultades que tienen los ancianos y que necesitan cuidado a veces. Tenemos que tener mucha paciencia con ellos.
- Nuestros hijos aprenderán a tratar mejor a sus propios abuelos.

9. Distribuir alimentos a personas de la calle

Alimentar a los hambrientos es un proyecto que toca el corazón y es bienvenido en cualquier comunidad. Servir a alguien de la calle que está con hambre no solamente llena el estómago del otro, sino que también llena el corazón del que sirve. Hay formas de alimentar a la gente necesitada en un comedor popular.

Se puede hacer una comida y llevarla a los que están allí. La Biblia enseña que Dios dirá: "Todo lo que hicieron a mis hermanos necesitados a mí me lo hicieron". Mateo 25:40.

Preparación:

- Preparar la comida que se va a cocinar, asegurarnos de tener los recursos para hacerlo.
- Involucrar a los hijos universitarios para ayudar a cocinar, preparar los platos y ser creativos.

Recomendaciones:

- La iglesia local podría tener ideas de donde hay las personas más necesitadas.
- Entender y enlazar la parte espiritual con este proyecto para mostrar a Cristo a través de nuestras acciones.
- Cuidar nuestras actitudes porque muchos en condiciones de hambre han preferido que su familia no coma en vez de recibirla de la mano de alguien que los hace sentir menospreciados o que les tenga lástima.
- Saber con cuánta comida se cuenta y a cuántos se puede beneficiar, sabiendo que no siempre se puede ayudar a todos.

Beneficios:

- Es una posibilidad que involucra a toda la familia
- Tiene un efecto visible e inmediato.
- La gente siempre lo agradece.
- Es fácil de hacer y con bajo costo.

En cierta ocasión fuimos al basurero de la ciudad con un grupo de veinte jóvenes peruanos a repartir bananas, manzanas y pan a los que viven allí. Dos de los jóvenes se acercaron a uno de los adolescentes del lugar y comenzaron una conversación en la que se aseguraron de que este adolescente luego llegara a la iglesia. Al adolescente le costó porque pensó que no iba a ser bienvenido pero al día siguiente vino. Al terminar la reunión nos contó que llevaba días sin comer y que el día anterior por primera vez le había pedido a Dios que hiciera algo porque ya tenía mucho dolor en su cuerpo por el hambre y ese fue el día que llegamos al basurero.

10. Hacer kits para indigentes

La idea aquí es llenar una caja de útiles para las personas que viven en la calle. Estas cosas son importantísimas para ellos para su aseo, como también para su autoestima.

Preparación:

- Buscar cajas para los kits.
- Armar las cajas con artículos de higiene: champú, pasta dental, cepillos de dientes, cepillos para el pelo, jabón.
- Incluir también comida enlatada.

Recomendaciones:

- Saber el número de personas a las que van a servir. Si algunos ven que otros están recibiendo regalos y ellos no, empezarán a reclamar. Tenemos que saber de antemano cuántas personas están allí y cuántos kits les vamos a entregar.

Beneficios:

- Es una posibilidad que involucra toda la familia.
- Tiene un efecto visible e inmediato. Veremos gente de la calle feliz y con mejores posibilidades de un buen aseo.
- La gente siempre lo agradece.
- Es fácil de hacer y con bajo costo.

11. Entregar y donar mantas a los que no tienen techo

Hay gente que se muere de frío y solo tienen las drogas para “calentarse”. Otros son inmigrantes que han sido desplazados de sus países. Esta idea les podría dar una ayuda increíble en las noches cuando tienen tanto frío. La idea es comprar franela, armar unas mantas y entregarlas a las personas necesitadas de la calle.

Preparación:

- Comprar suficientes metros de franela según la cantidad de mantas que desean armar.
- Buscar a las personas de la calle a las que van a servir.
- Si tienen ropa para regalar también sería de mucha bendición.

Recomendaciones:

- Involucrar a nuestros hijos universitarios en esta actividad. Si quieren pueden también dibujar en las franelas con pinturas especiales o coser alguna imagen.

Beneficios:

- Es una posibilidad que involucra a toda la familia.
- Tiene un efecto visible e inmediato. Veremos gente de la calle más caliente.
- La gente siempre lo agradece.
- Es fácil de hacer y con bajo costo.

12. Ministrar en basurales

Como ya vimos, en los basureros de muchas ciudades viven niños, padres y abuelos reciclando en medio de muchísima suciedad. Algunos de ellos hasta se alimentan de la basura que hemos tirado. Son personas que no tienen otras opciones, muchas veces indocumentados, sin educación formal y nosotros podemos darles una esperanza.

Un servicio importante para estas familias es llevarles comida saludable, agua limpia, lavarles el cabello y ayudarlos a eliminar los piojos. Es también un momento para darles a los niños atención, amor, diversión y un espacio de aceptación, momentos de alegría y juegos. Podemos darles una esperanza.

Preparación:

- Preparar a nuestros hijos emocionalmente para que se encuentren con la gente más necesitada del planeta, los más rechazados. Tienen que estar preparados para enfrentar las realidades de un basurero, donde hay un olor vomitivo. Tienen que estar preparados para no menospreciar a las personas que trabajan allí por su condición; más bien deben ver a las personas más allá de sus circunstancias.
- Coordinar con el municipio (algunos piden permisos) para planificar cómo llegar, qué programa hacer y cómo hacer el discipulado después.

Recomendaciones:

- Idear un programa que primero llame la atención de la gente que vive allí para explicarles lo que vamos a hacer.
- Esta gente está acostumbrada a lo usado así que valora muchísimo lo nuevo.
- Algunos basurales son zonas peligrosas así que hay que permanecer en familia. Nosotros sugerimos hacer esto con dos o tres familias más.
- Cuidado con las "selfies" con la gente en los basureros. No queremos exponer a los pobres usando las fotos con ellos para mostrar a otros "lo bueno que soy".

Beneficios:

- La pobreza no es una foto sino una experiencia real y muchos de nuestros hijos y familias nunca la han experimentado. Esta es una oportunidad para que valoren más lo que tienen.
- Esta experiencia puede humanizar a los pobres: los pobres dejan de ser gente mala en otro lado y pasa a ser gente con necesidades que debo ayudar.
- Transformamos nuestra forma de pensar acerca de las personas que son diferentes. Los vemos como personas que tienen la misma capacidad de conocer a Dios que nosotros.
- Los alimentamos con comida física y también les mostramos que hay una esperanza.

Después de varios meses de hacer programas con los jóvenes del basurero, empezamos a jugar fútbol con ellos. Luego de jugar unos partidos formábamos grupos de dos, les entregábamos comida y teníamos un estudio bíblico.

Un día fue muy emotivo y realmente me tocó cuando Moisés, un adolescente de catorce años de edad, dijo: "Quiero orar por la comida". Él estaba recién convertido y oró así: "Padre nuestro, gracias por proveer comida para mí hoy, pero te pido por los más necesitados, que proveas para ellos también y, si quieres, yo puedo compartir lo que tengo". Me quedé en silencio, mientras las lágrimas bajaban por mi rostro y caían sobre la basura. La riqueza de gratitud que mostró este niño fue un ejemplo para mí y para toda mi familia.

13. Construir una casa de Hábitat para la Humanidad (habitat.org)

Esta es una oportunidad para construir el futuro y dar esperanza a una familia. Nos gusta esta idea porque nos conecta con otras familias en necesidad. Construir una casa para otra familia no tiene comparación.

Preparación:

- Buscar en la página web de Hábitat para la Humanidad para ver si puedes servir como voluntario en tu país.
- Si no la tienes, igual puedes cumplir con esta idea.
- Encontrar gente de bajos recursos que no tiene casa o su casa está por derrumbarse.
- Hacer el presupuesto de cuánto costaría construir la casa (incluyendo permisos legales, etc.).
- Ahorrar el dinero como familia por varios meses, o varios años.

Recomendaciones:

- Es importante saber quiénes son los que tienen mayor necesidad. Muchas veces pensamos que una familia es la más necesitada cuando realmente son los más ricos. Hay que hacer buenas investigaciones para decidir quiénes tienen mayores necesidades.
- Es importante no construir una casa que sea mucho mejor que el resto de las casas del barrio. Si todos tienen esteras entonces deberíamos construir una buena casa de esteras. Si no lo hacemos así, podríamos crear celos y hasta violencia por tratarlos en forma diferente.
- Buscar expertos y maestros en la construcción para que sea una buena construcción.
- Hacerlo con varias familias, o un grupo de la iglesia.

Beneficios:

- Trabajar con nuestras manos es algo importante para las nuevas generaciones.
- Salir de sus estudios y servir es un buen ejercicio para los universitarios.

Nosotros construimos una casa para un pastor indígena en la selva. Él se había jubilado, pero como muchos pastores de esa edad, pensaba que Cristo iba a regresar antes de que tuviera que jubilarse. Así que buscamos otras familias y le construimos una casa para él y su familia. ¡Estaban muy agradecidos!

14. Servir a los refugiados

En nuestros países de América Latina estamos viendo un aumento de los refugiados o inmigrantes. Tenemos el privilegio de poder servir a estos refugiados como familias cristianas. Hay muchas formas de servirlos y aquí veremos algunas opciones.

Opciones para servir a los refugiados:

- Tener un cuarto y presupuesto listo para que se hospeden en nuestra casa
- Servirles comida, proveerles ropa, mantas, frazadas y otras cosas que necesitarán
- Ayudarlos a buscar trabajo
- Ayudarlos con sus papeles legales
- Llevarlos a una iglesia.
- Recomendaciones:
- Mirémoslos como si fuéramos nosotros los que estamos pasando esta situación tan difícil.
- Muchos les echarán la culpa de todos los robos y la violencia. Es importante no ser racistas ni echarles la culpa de todas nuestras dificultades.

Beneficios:

Mostraremos el amor de Cristo a personas que si se hubieran quedado en su país quizá no hubieran conocido de ese amor.

Mostramos a nuestros hijos la importancia de servir a Jesús "disfrazado".

Esperamos que estas ideas sirvan para unir a tu familia y motivarlos a seguir sirviendo con sus hijos universitarios. Abajo puedes anotar las tres ideas más posibles según tu contexto.

Anotar tres ideas que podrían funcionar:

¿Cuáles son algunos obstáculos que tendrían que vencer como familia para servir con estas tres ideas? ¿Cómo se podrían vencer esos obstáculos?

¿Qué fecha podrían anotar para hacer estas tres ideas para servir?

---

10 consejos para ser más eficaces en el servicio como familia

(por Rich Brown, adaptado del libro Servir, *la Forma Eficaz de Influir*, José Luis Ochoa Gamboa)[2]

CAPÍTULO 14

2- José Luis Ochoa Gamboa. Servir, *la Forma Eficaz de Influir*. Ed. Createspace Independent Publishing Platform, United States, 2013

"Si vienes solo para ayudarme, puedes irte a casa. Pero si consideras mi lucha como parte de tu lucha para sobrevivir, entonces quizás podemos trabajar juntos". **Mujer aborigen.**

Hemos intentado darte algunas ideas para servir como familia, pero es importante que recuerdes que siempre debes servir con una actitud de arrepentimiento. Nunca debemos mirar con desprecio a las personas que tienen necesidad porque podríamos ser nosotros, y en realidad, somos nosotros. No importa si tienes mucho o poco dinero, todos somos miserables espiritualmente, físicamente, emocionalmente o socialmente. Cada uno de nosotros podemos aprender algo de las personas a las que estamos sirviendo.

Todos debemos comenzar desde el arrepentimiento y reconocer que, sin Dios, somos peores que las personas más necesitadas que a las que podríamos servir. Fuera de la gracia de Dios nosotros podríamos estar en peores condiciones que ellos. Si no entramos con una actitud de arrepentimiento por nuestras falencias y pecados, entraremos con una actitud de desprecio o de "yo soy mejor que tú, así que déjame servirte". Esa actitud puede destruir todo lo que estamos queriendo hacer. Eso hace más daño que bien.

"Sin ese tipo de arrepentimiento, nuestro esfuerzo para ayudar a los pobres seguirá estando caracterizado por darles recursos materiales, en vez de caminar con ellos en forma relacional y humilde mientras llamamos al Rey Jesús para que arregle las causas de la pobreza de ambos"[3]. Tenemos que vivir no como si fuéramos mejores sino sabiendo que somos iguales a ellos en esta humanidad que Dios nos dio.

Hay que notar que ese arrepentimiento no es solamente una técnica que usaremos para ayudar a los pobres materialmente, sino que es necesario para nosotros mismos, para vencer y sobrevivir a nuestra propia pobreza.

En un mundo caído, somos todos vagabundos y personas sin techo. Tim Keller explica que cada uno de nosotros, ya sea rico o pobre, está anhelando, así como el Hijo Pródigo, regresar a casa por un banquete y una fiesta donde todas nuestras necesidades físicas sean completamente satisfechas y todas nuestras relaciones estén completamente restauradas.

3- Steve Corbett y Brian Fikkert. *When Helping Hurts.* Moody Publishers. Chicago, IL, 2009, (p. 248)

Un banquete en el que experimentemos todo lo que significa ser humano de verdad por primera vez. Todos nosotros, los mendigos, podemos regresar a casa a una fiesta maravillosa, no a través de recursos materiales o tecnología superior (los dioses de nuestro tiempo), sino abrazando al Rey de nuestro banquete, Jesús, quien nos puede satisfacer de verdad. [4]

Con esto en mente queremos ofrecerte diez consejos que podrían ayudarte a ti y a tu familia a ser más eficaces cuando sirvan juntos.

1 - Tomar apuntes de lo que aprenden

Después de servir en familia tomen nota de sus apreciaciones. ¿Qué aprendieron como familia? ¿Qué funcionó? ¿Qué fue muy útil para los beneficiarios? ¿Qué habría que cambiar la próxima vez que sirvamos allí? ¿Cómo se sintió cada miembro de la familia al servir allí? ¿Cómo podemos mejorar la próxima vez que sirvamos? No hagan anotaciones muy extensas, deben ser frases breves, opiniones cortas.

Estas cosas nos ayudarán a evaluar, mejorar y seguir aprendiendo como familia. Esto también ayudará a que nuestros hijos nos vean como personas que no lo saben todo, humildes y
siempre listas para aprender.

Es importante separar este tiempo y buscar el lugar para dedicarse a escribir las conclusiones y cosas aprendidas. No se olviden de anotar los nombres de las personas a las que sirvieron para orar siempre por ellos. Anoten también las peticiones de oración que tuvieron esas personas y oren como familia en casa.

2. Terminar lo que empezamos

A veces la prisa, el trajín y la vida hace que nos olvidemos de las metas que tenemos. Si como familia decidieron cumplir con alguna tarea de servicio es importante que nuestros hijos la vean cumplida. Hay que concentrarse en el logro de la meta o si no, todos se pueden desanimar. Pongan metas que realmente pueden cumplir. Si es asistir a una institución una vez al mes, deben que ser muy intencionales en cumplirlo. Si vamos a realmente tener un impacto y una influencia, tenemos que cumplir la meta que Dios nos ha dado.

4- Steve Corbett y Brian Fikkert. When Helping Hurts. Moody Publishers. Chicago, IL, 2009, (p. 249)

Todos conocemos a personas que empezaron con buenas intenciones, pero nunca lograron la meta. La Biblia habla de personas así en Lucas 14:28-30:

"Supongamos que alguno de ustedes quiere construir una torre. ¿Qué tendría que hacer primero? Tendría que sentarse a calcular el costo, para ver si tiene lo suficiente para terminarla, porque si echa los cimientos y después no puede terminarla, todos los que la vean se burlarán de él. Entonces dirán: 'Este hombre comenzó a construir y no pudo terminar su torre'".

Mostrémosles a nuestros hijos que somos personas de palabra y que cumplimos lo que decimos. Recordemos que lo valioso consiste en el logro de la tarea y en ver a nuestros hijos sirviendo el resto de sus vidas. Para que eso suceda tenemos que cumplir las metas que tenemos, tener una rutina de servicio.

3. Usar cada acto de servicio como una oportunidad para aprender.
Podemos ser agentes de cambio en un mundo torcido, pero para eso debemos ser personas que aprenden. Cada vez que salimos a servir, en vez de tener una actitud de sabelotodo, debemos estar siempre dispuestos a aprender. Charles Handy dice que "el aprendizaje es una rueda que tiene cuatro partes: una relacionada a la curiosidad, a la búsqueda de respuestas a cosas que nos interesan; otra que tiene que ver con la teorización, aquí es donde damos distintas explicaciones o ensayamos una respuesta a lo que nos llama la atención; luego está la aplicación, donde ponemos en juego nuestra teoría y finalmente la reflexión, donde analizamos los resultados"[5].

Debemos aplicar esto a nuestros hijos de acuerdo a la edad que tengan. Los niños son naturalmente curiosos, aprovechemos esto y permitámosles que hagan preguntas y comentarios incómodos después de ver a una persona discapacitada, por ejemplo. Que usen su curiosidad, y luego que intenten entender dónde está Dios en todo esto.

4. Aprender a escuchar
¿Cuántas veces vemos reflejadas nuestras historias en personas que nos cuentan sus propias vivencias? Todavía no terminan de contarnos su historia y ya tenemos en nuestras mentes la respuesta según lo que nos pasó a nosotros. ¿Han estado alguna vez en un grupo donde cada persona

5 - José Luis Ochoa Gamboa. Servir, *la Forma Eficaz de Influir*. Ed. Createspace Independent Publishing Platform, United States, 2013, (p. 123)

intenta contar una historia mejor que la otra? Nuestros hijos necesitan ver que sabemos escuchar. Aprendamos a escuchar a los que servimos, a nuestros hijos y nuestro cónyuge. De esa manera seremos mucho más eficaces en nuestro servicio.

Es importante escuchar con todo lo que somos, con nuestros oídos, nuestra mente y nuestro corazón. Debemos ponernos en el lugar del que nos está hablando. Si queremos aprender a escuchar mejor, tenemos que mejorar las preguntas que hacemos.

Para demostrar que estamos escuchando a veces podemos repetir lo que nos han dicho con nuestras propias palabras: "Te escuché decir que no te gusta caminar diez kilómetros para llegar al basural para reciclar". Y luego esperemos que nos confirmen si estamos entendiendo bien. No hay que buscar soluciones, hay que entender.

5. Ver el potencial en los que servimos

En vez de verlos como pobres y sin salida, hay que intentar verlos como Dios los ve y con el potencial que tienen. Debemos verlos como imagen y semejanza de su Creador. "Uno de los aspectos más dolorosos de nuestra cultura latina es la afición a concentrarnos en la queja, de decir lo que no somos, de definir a nuestro país o al lugar donde estamos en función de lo que no es"[5]. Tenemos la tendencia de ver todo lo malo. Es tiempo de cambiar esta mentalidad y buscar lo mejor para los otros, en especial para los que servimos. Debemos ser una familia que sirve de manera eficaz enfocándonos no en los problemas de las personas sino en su potencial.

Esto no significa que no seamos realistas ni que ignoremos el sufrimiento que otros tienen, pero primero tenemos que ver las posibilidades que hay para ellos. Nunca nos olvidemos que tratamos con personas que están golpeadas, heridas, doloridas y destrozadas, pero que son seres humanos creados a la imagen de Dios.

Miremos con los ojos de Dios a las personas que servimos y creamos que tienen un potencial tremendo para cambiar sus comunidades. La meta es ver su potencial y ayudarlos a alcanzar lo que pueden hacer. Si nosotros no podemos ayudarlos debemos conectarlos con alguien que sí pueda hacerlo.

6- José Luis Ochoa Gamboa. Servir, *la Forma Eficaz de Influir.* Ed. Createspace Independent Publishing Platform, United States, 2013, (p. 127)

6. LLevar a otras familias para servir juntos

Es clave invitar a otras familias a servir con nosotros por dos razones: primero, es bueno multiplicar lo que una familia está aprendiendo en otra familia. Segundo, esto ayuda a reafirmar las convicciones y valores que tenemos con nuestra familia. El mentorear a la otra familia nos impulsa a aprender y a vivir nuestros valores frente a otros.

Por otra parte, trabajar juntos unirá a ambas familias y traerá compañerismo en el servicio. Nuestros hijos verán que no somos los únicos, aprenderemos más, seremos de mayor influencia y nos animaremos cuando hay dificultades. Por otra parte, cuando una familia no pueda ir a servir, la otra sí podrá cumplir y el servicio no se verá interrumpido.

7. Formar parte de una comunidad a la cual rendirle cuentas

Es importante para las familias tener una comunidad donde escuchan, aportan y juntos aprenden cómo servir mejor. Somos mejores juntos que separados. Una comunidad de confianza, donde podemos ser vulnerables, nos ayuda a rendir cuentas y a llamar a la rendición de cuentas a los otros. El propósito es mejorar y ayudar a otros a servir mejor.

Para muchos de nosotros esto se dará en nuestra iglesia local. Es importante unirnos a la visión del grupo, empujarlos a servir también y escuchar sus consejos para que nosotros podamos mejorar. Si tenemos confianza y amistad, podremos invertir en otros y ellos en nosotros. Ellos mostrarán nuevas perspectivas y opiniones diferentes y nos ayudarán a crecer. Nos darán metas más altas y completas porque serán las metas de una comunidad.

Es lindo cuando una familia llega a la iglesia después de haber servido a los necesitados en algún lugar. Regresan con ánimo y pasión para animar a otros participar y como resultado la próxima vez que vayan a servir irán muchos más. Si esto continúa, después de un tiempo es probable que la iglesia abra un ministerio para los necesitados.

8. Diferenciar entre *influenciar y dominar.*

La influencia viene de un deseo de desafiar, inspirar, despertar y proponer. El dominio viene de un deseo de imponer y subyugar.

Los que dominan usan la manipulación para salirse con la suya. Intentan empujar hacia abajo a los que quieren surgir. No permiten que otros tengan opiniones diferentes y son personas controladoras.

El que influencia tiene como fin el bienestar de la persona a la que está sirviendo. Valora a la persona. Considera que un cambio desde corazón es mucho más eficaz que un cambio por decreto. El que influencia siembra en los corazones de otros y riega con amor sincero. Con sólo ser una familia que sirve de manera eficaz estarán siendo una buena influencia.

Piensa en personas a las que les gusta influenciar en vez de dominar. Son amables, gentiles, les gusta escuchar y les gusta acompañar. Ahora piensa en personas a las que les gusta dominar. Son terribles. Odian las opiniones de otros, y se ponen nerviosos si alguien sugiere algo diferente a lo que ellos quieren hacer. Seamos familias de influencia, no dominantes.

9. No causar más daño que beneficio[7]

Muchos de nosotros queremos hacer el bien, pero por ignorancia a veces hacemos más daño que bien. Llegamos a un lugar a servir y no escuchamos a los que están dirigiendo el proyecto. Pensamos que nosotros sabemos más que ellos, queremos ser los salvadores del mundo. Pensamos, que debemos mostrarles cómo hacer las cosas, para que ellos sean como nosotros. Pero la meta no es que sean como nosotros, sino que sean como Cristo.

Una de las formas de ayudar sin causar daño es encontrando soluciones adentro de la comunidad que queremos ayudar. Por eso es tan importante escucharlos y ayudarlos a descubrir sus propias soluciones en vez de entrar con las nuestras. Muchas veces las soluciones de ellos son mucho más eficaces.

Una vez un grupo fue al basural, se conmovieron mucho y lloraron al ver la pobreza extrema en estos niños. Cuando subieron al autobús para irse, el grupo empezó a tirarle dinero a los niños desde las ventanillas. Los niños empezaron a pelearse por los billetes y lo que ocurrió fue que los niños más grandes, más fuertes y más vivos, agarraron muchos billetes y los pequeños, malnutridos y débiles no recogieron nada. Este es un claro ejemplo de algo que causó más daño que beneficio. En primer lugar, el dinero no siempre es la solución, muchas veces el dinero es el mayor problema que tienen. En segundo lugar, tirarlo por las ventanillas no era la forma de dárselo. Hubiera sido mejor entregarle el dinero a los encargados del ministerio para que ellos puedan decidir la mejor forma de invertirlo.

7- Steve Corbett y Brian Fikkert. *When Helping Hurts.* Moody Publishers. Chicago, IL, 2009

10. Buscar siempre oportunidades de servicio

Vivir una vida de servicio es muy impactante. Si una madre siempre está buscando oportunidades de servir, los niños la imitarán. Si un padre está manejando y cambia su ruta para ayudar a alguna persona en necesidad, los niños nunca lo olvidarán.

Seamos familias que sirven contantemente, no solo cuando es el día del mes que hemos separado para servir. Seamos familias que miran con los ojos de Dios, siempre buscando ayudar. Ese es el principio de la historia del Buen Samaritano, en Lucas 10:25-37. El Buen Samaritano rompió su rutina para servir a la persona en necesidad, aun cuando podría haber sido un enemigo.

Estos diez consejos están en este libro para ayudarnos como familia a aprender a servir con mayor impacto y eficacia. Realmente podemos servir de vez en cuando y sentirnos bien, como si estuviéramos logrando algo importante. Pero, si no vivimos una actitud continua y un estilo de vida de servicio vamos a caer en la trampa de ser como los fariseos. Mateo 23:4 dice: "*Recargan a la gente de mandamientos que ni ellos mismos intentan cumplir*".

Seamos como dice Jesús en Mateo 23:11-12: "*Mientras más humildemente sirvamos a los demás, más grandes seremos. Para ser grande hay que servir a los demás, pues los que se creen grandes serán humillados; y los que se humillan serán enaltecidos*".

Que nos conozcan por ser familias humildes y con el propósito eterno de amar y servir a los demás. Si hacemos esto estamos seguros de que tendremos un impacto en el mundo que nos rodea.

¿Cuál de estos diez consejos es el más difícil para tu familia? ¿Por qué?

¿Qué cambios tendrían que hacer para implementar estos diez consejos?

¿Cuándo se podrían implementar estos cambios y cómo?

Es tiempo de actuar

(por Rich Brown)

CONCLUSIÓN

"No escoges a tu familia. Son un regalo de Dios para ti, así como tú también lo eres para ellos". **Desmond Tutu.**

Al escribir este libro hemos pensado y reflexionado mucho y hemos sentido alegría al recordar con nuestros hijos lo que hemos hecho. Hubiéramos querido hacer mucho más, pero hay una satisfacción al ver que todos ellos son conscientes de las personas en necesidad que hay a su alrededor. Son ciudadanos del mundo y embajadores de Dios. La meta ahora es esperar a los nietos y enseñarles lo mismo.

¿Cuál ha sido nuestra intención al escribir este libro? ¿Por qué dedicamos tanto tiempo para que esta obra sea una realidad? Queríamos brindarte un recurso práctico a ti y a tu familia. Quisimos darte la justificación para hacer la obra social y el servicio, y también darte ideas prácticas que puedas usar con tus hijos dependiendo de sus edades. Si aplicas estas ideas estamos convencidos de que tendrán momentos íntimos como familia donde verán la mano de Dios usándolos con la gente que está a su alrededor. Lo interesante es que estas experiencias de servicio también cambiarán a todos los integrantes de la familia y los hará más sensibles a los demás, los llevará a apreciar lo que tienen y los conectará más con el Dios de pobres y ricos.

A través de todo el libro hemos mostrado que es importante hacer actos de servicio que encajen con las edades de tus hijos. Es cierto que el servicio en sí es bueno, que no importan las edades, pero podemos ser más intencionales escogiendo opciones de servicio que se ajusten tanto a las edades de nuestros hijos, como a sus personalidades.

Hemos dedicado capítulos enteros para proveer ideas prácticas que se pueden implementar como familia. Hemos provisto también capítulos de las experiencias de nuestros propios hijos mostrando qué ha funcionado, y qué no. Pudimos rescatar los puntos de aprendizaje en cada edad para entender mejor lo que se podría aplicar.

La aplicación de los cuatro beneficios que el servicio brinda a la familia

Estamos seguros de que, al servir como familia a los demás, estamos sirviendo a Cristo mismo "disfrazado" como esa persona en necesidad. Como vimos en la introducción, este servicio en familia nos brinda cuatro beneficios importantes. Primero, al servir como familia enfrentamos al enemigo y le mostramos que nos sacrificamos por los que tienen una necesidad. Esto nos hace pensar menos en nosotros mismos y por lo tanto pecamos menos. Segundo, al servir como familia nos unimos a lo que Dios está haciendo en este mundo y a su misión. Tercero, al servir nos unirá como familia. Y cuarto, al servir como familia nos ayudará en el proceso del discipulado de nuestros hijos y de nuestros cónyuges.

En la siguiente historia veremos cómo estos cuatro beneficios se hicieron realidad para la familia de Esteban Woodson.

Un día nuestro amigo Esteban nos preguntó: "¿Qué puedo hacer para involucrar a mis tres hijas en las misiones?". Sus hijas tenían ocho, diez, y catorce años. Nosotros oramos por ellos, y solo los invitamos a venir a visitar nuestros proyectos de ayuda social en Perú. La primera vez, Esteban vino sólo. La segunda vez vino con toda su familia. Cuando llegaron empezaron a servir a la gente con el amor de Cristo. Sus hijas y su esposa quedaron impactados al ver tanta necesidad extrema en el basural y decidieron hacer algo. Dedicaron el próximo año a captar el interés de las personas en su ciudad. Compartieron con sus amigos dentro y fuera de la iglesia, incluyendo el colegio y su vecindario.

El siguiente año regresaron a Perú para servir otra vez y empezaron a apadrinar una niña con cuarenta dólares mensuales. Esa niña cada mes asiste a nuestro programa que la alimenta, la enseña la Biblia y la ayuda con sus tareas de la escuela.

Aquí está el testimonio contado por él mismo:

> *Kelly y yo coincidimos en que nuestro primer viaje a Perú unió a nuestra familia más que nunca. Para nuestras tres hijas, el estar lejos de sus amigos y pasar tiempo solo con nosotros como familia, las unió entre ellas y con nosotros. Ese primer viaje ayudó en gran manera a nuestra familia poder visualizar lo que Dios había puesto en mi corazón años antes. Nuestras hijas querían regresar con toda la iglesia para servir otra vez.*
>
> *En este primer viaje también pudimos unirnos con otra familia que nos acompañó. No nos conocíamos antes, pero después del viaje nos convertimos en íntimos amigos.*

La segunda vez que fuimos lo hicimos con un grupo de nuestra iglesia y nos unió aún más. Dios tocó las vidas de cada uno de los que fueron a servir en formas inesperadas y únicas. Hubo gran gozo al servir a Jesús. Creo que el gozo de servir al Señor en misiones a corto plazo siembra una semilla para servir más adelante en la iglesia, al regresar a casa. Ya no es un trabajo penoso sino algo que uno hace con alegría.

El tercer viaje que hicimos a Perú fuimos todos menos mi esposa. Mis hijas me dijeron que no se querían perder otra oportunidad de servir como familia. Eso me trae un gozo tremendo y sé que el Señor está siempre trabajando en ellas en este proceso de discipulado que hemos tenido juntos. Tenemos planes para ir a Uganda y regresar a Perú en los próximos años.

La batalla contra el enemigo empieza al regresar a casa después de haber servido. Allí comienzan las tentaciones. Una de las cosas que hacemos como familia es tener un tiempo diario o semanal de devocionales. Hablamos sobre las tentaciones y sobre lo que el enemigo quiere hacer con nosotros. Oramos cada día para saber cómo producir fruto y mantener ese fruto. Abrimos la Palabra de Dios para que mis hijas puedan estar firmes en ella, y para que den un fruto que perdure, así como ha perdurado en mí en los últimos veinte años. Tener reuniones con las otras familias que sirvieron juntos es otra forma de mantener el fruto fresco en nuestras vidas.

Termino contando el testimonio de más de treinta y un personas que fueron a servir en los últimos cinco años. Ellos testifican en frente de toda la iglesia que Dios les habló y los transformó al ir a servir a los más necesitados. Sus vidas, las familias y la iglesia entera han sido impactadas en formas increíbles. Los de las generaciones más viejas que no han podido viajar con nosotros se motivan aún más a dar ofrendas y orar por nosotros. Dios es bueno. (Steve Woodson, 2019)

Treinta y un personas se unieron a la visión de la familia de Steve Woodson. Ahora su familia y las familias de muchos más fueron impactados. Participaron en el reino de Dios, hicieron retroceder los ataques del enemigo, se unieron como familia e iglesia y dieron más pasos en su camino de discipulado. Esto es lo que deseamos para tu familia. Tus hijos tendrán una fe más sólida, estarán más interesados en servir a otros, y estarán caminando más cerca al Señor.

El problema es que la apatía de nuestras familias o de un solo integrante de ella puede tirar abajo cualquier intento de servir juntos. Nuestras agendas se llenan y no tenemos tiempo. Ponemos otras cosas en primer lugar y no hay tiempo para servir. Sabemos que es importante. Queremos entrenar y criar a nuestros hijos como buenos mayordomos con sus recursos, la solidaridad y el servicio, pero los días son malos y pasan, los años pasan y no hacemos nada. Este libro podría quedarse en "buenas ideas", pero aquí hay algunos pasos prácticos para implementar y ayudarte a tener éxito en el servicio como familia.

Nos toca a nosotros, los padres, involucrar a nuestros hijos de cualquier edad en el servicio. Seamos prácticos hoy, ¿qué vamos a hacer? Hay que crear una agenda para empezar hoy. ¿Qué puedes hacer hoy para que mañana cumplan con el servicio a Dios? ¿Qué harás con estos beneficios que nos brinda el servicio?

____

____

____

____

____

____

Hoy es el día para empezar. Pon la primera fecha, con el primer acto de servicio como familia que harán este mes.

Fecha:________________ Día: ________________ Hora:________________
Dónde:________________

Después de un mes hay que planificar otra vez. ¿Qué harán el segundo mes? Quizá lo mismo, pero hay que anotarlo para empezar el proceso de implementarlo.

Fecha:________________ Día: ________________ Hora:________________
Dónde:________________

Ahora tenemos teléfonos inteligentes en los que podemos repetir lo que hemos agendado. Ponle repetir cada mes para que tu familia tenga continuidad en el servicio. Cierra el libro un instante y pon las fechas en tu calendario virtual con una repetición cada mes, o cada semana, según lo que decidan como familia.

Hay un paso más antes de terminar. Hay cosas que podrían ser un estorbo para que el tiempo familiar de servicio ocurra. Hay que ser intencionales en quitar estos estorbos o planificar para que no interrumpan lo que sabes que tienes que hacer.

¿Con quién habría que coordinar para que esto sea una realidad? Quizá con tu trabajo, el colegio, tus propios hijos o cónyuge. Es importante ponerlo por escrito y empezar a ejecutar el plan.

Llegamos al final. Ya tienes todas las herramientas necesarias para involucrar a tu familia en el servicio de Dios con los favoritos de Dios: los más necesitados. Ya tienes todos los puntos prácticos para cambiar tu vida, la de tu familia, tu iglesia y el mundo entero. Como dice una frase del Talmud que simboliza la fe en la humanidad, "Quien salva una vida, salva al universo entero." Tu familia podrá salvar a más de una vida. Está en tus manos.

Apéndice

100 actos de bondad para servir (coffeecupsandcrayons.com)

1. Poner dinero en la máquina expendedora.
2. Abrir la puerta a alguien que entra.
3. Hacer un quehacer de alguien que no conoces.
4. Contar un chiste.
5. Llevar un carrito de otra persona desde el estacionamiento a la tienda.
6. Darle un caramelo al que te atiende en el banco.
7. Dejar una carta en un libro de la biblioteca.
8. Alimentar a los pájaros.
9. Dejar notas felices por la ciudad.
10. Poner un recipiente de reciclaje en tu automóvil para coleccionar cosas reciclables.
11. Llamar a ancianos y preguntarles por sus hijos.
12. Recoger basura.
13. Dejar que otra persona vaya antes que tú en la fila.
14. Elogiar a un amigo.
15. Lavar el automóvil de alguien.
16. Escribir una nota de agradecimiento a un empleado.
17. Plantar una planta.
18. Hornear un postre para una vecina.
19. Sacar a pasear a los perros de alguien o del refugio de animales.
20. Visitar un vecino anciano.
21. Poner un stand de refrigerios y donar las ganancias.
22. Enviar una carta a algún militar o en el servicio de su país.
23. Enterrar un tesoro en el patio de recreo.
24. Poner la mesa sin que te lo pidan.
25. Dejar unas burbujas en la entrada de alguna casa.
26. Poner dinero en una cuenta de algún desconocido.
27. Contarle a alguien por qué es importante y especial para ti.
28. Donar ropa que ya no te sirve o no te queda.
29. Comprar un café para algún desconocido.
30. Entregar stickers a niños que están en alguna cola o fila.
31. Hablar con algún chico nuevo en el colegio o la escuela.
32. Escribir mensajes con tiza en la vereda.
33. Usar la podadora para un vecino.
34. Donar comida a algún albergue.
35. Llevar flores a tu profesora o maestra.
36. Decirle a algún encargado que el servicio fue excelente hoy.
37. Pagar el estacionamiento de alguien.
38. Donar medias y provisiones a un albergue.
39. Dar un ticket de la lotería a alguna persona que no conoces.
40. Llamar a un amigo que no has visto por mucho tiempo para conversar.

41. Comprar un helado para un vecino.
42. Llevar algún postre a la estación de bomberos.
43. Leerle un libro a alguien.
44. Poner una moneda boca arriba en la vereda.
45. Donar un libro a una sala de espera de un médico para que la gente lo lea gratis.
46. Decirle a alguien cuánto lo amas.
47. Saludar y decir "hola" a cada persona que ves.
48. Arreglar la cama de otra persona.
49. Mantener la puerta abierta para varias personas.
50. Saludar con la mano a algún niño en un autobús escolar.
51. Cantar canciones en algún hogar de ancianos.
52. Invitar a alguien a jugar contigo en el parque.
53. Decirle al director del colegio que tu profesora o maestra es la mejor.
54. Donar un juguete a algún niño de la calle.
55. Apagar el agua mientras te cepillas los dientes.
56. Decir "gracias" cuando ves a alguien vistiendo un uniforme militar.
57. Llenar una jarra con caramelos para otra familia.
58. Hacer un letrero diciendo gracias para los que trabajan en el desagüe.
59. Llenar una bolsa de juegos para que alguna familia pueda jugar con sus niños pequeños.
60. Llevar galletas al conserje.
61. Ayudar a cocinar la cena.
62. Donar pijamas nuevos para huérfanos.
63. Hacer una carta deseándole la recuperación para una persona enferma.
64. Sacar la basura para alguna familia del vecindario.
65. Cuidar alguna mascota para alguien que estará de viaje.
66. Dejar pop-corn en una bolsa en la puerta de alguna casa.
67. Compartir tu juguete favorito con otro niño.
68. Arreglar tu cuarto sin que alguien te diga.
69. Filmarte saludando a algún conocido o amigo lejano.
70. Dejar notas bonitas para personas en el parque.
71. Regalarle un chocolate al chofer del bus.
72. Comprar el postre para otra familia en el restaurante.
73. Dar monedas extras a los que actúan o hacen algún truco en los semáforos.
74. Comprar útiles escolares para otro niño.
75. Lleve postres a los que atienden en la farmacia.
76. Enseñarle a otra persona hacer algo nuevo.
77. Reusar papel cuando estás dibujando.
78. Pagar el peaje de otra persona.

79. Dar a otra persona un cupón para abrazos y cariño.
80. Ser voluntario en un albergue de niños o ancianos.
81. Escribir una nota para el almuerzo de otra persona.
82. Recibir de otros dinero o cosas para donar.
83. Donar crayolas o libros para colorear al hospital infantil.
84. Escribir un poema para alguien.
85. Pedir donaciones en vez de regalos para tu cumpleaños.
86. Ayudar a alguien subir las compras del mercado a su automóvil.
87. Llevar caramelos o chocolates a la estación de policías.
88. Coleccionar libros para la biblioteca.
89. Adoptar un animal online.
90. Decorar el gel antibacterial para las estaciones de enfermeras en los hospitales.
91. Hacer un regalo casero para alguien.
92. Ordenar tus juguetes y guardarlos sin que alguien te lo pida.
93. Llevar botellas de agua gratis para un albergue.
94. Crear bolsas de caramelos o chocolates para regalar a los niños en el hospital.
95. Saludar a tus amigos.
96. Hacer una carta de agradecimiento para la persona encargada de la biblioteca.
97. Secar los columpios y toboganes después de la lluvia.
98. Hacer plastilina para los niños de la guardería.
99. Mandar una carta postal a un amigo.
100. Sonreírles a todos, es contagioso.

Empieza tu propia organización solidaria

¿Tienes habilidad para la organización? Quizá podrías empezar tu propia organización. Aquí te damos algunas ideas de adolescentes, preadolescentes y niños que rompieron el molde y crearon sus propias oportunidades para servir. (teenlife.com)

1. Jonathan Woods estableció la fundación *Under the Tree* a los doce años, cuando se dio cuenta de que, al pedir juguetes, las organizaciones siempre pedían para los niños pequeños y que excluían a los preadolescentes y adolescentes. Su organización incluye recolección de juguetes para chicos más grandes.
2. Inspirado por la visita a sus abuelos en la India, Heha Gupta empezó *Empower Orphans* a los nueve años. La organización ayuda a niños huérfanos en todo el mundo, con un enfoque especial de acceso a la educación y salud.
3. Después de haber leído de la esclavitud infantil en el Toronto Star, Craig Kielburge de doce años empezó *Free the Children*. La organización apunta a pelear contra el trabajo infantil a nivel mundial y ha alcanzado a más de dos millones de niños.
4. Zach Cerner y su hermano empezaron *Snap*, un programa atlético para niños especiales, cuando Zach sólo tenía diez años. Ahora tiene veintidós y el programa sigue creciendo.
5. Shannon McNamara empezó Share, una organización sin fines de lucro que provee libros y útiles a miles de niñas en África. Ella empezó la organización a los quince años.
6. Kalin Konrad empezó un carnaval en su vecindario para recaudar fondos para la investigación de Alzheimers después de que su abuela fue diagnosticada con esta enfermedad. Estaba en quinto grado.
7. Claire Fraise quería darles una segunda oportunidad a perros que iban a ser sacrificados. A los trece años empezó una organización para rescatarlos.
8. Dos adolescentes que tenían anorexia, Liana Rosenman y Kristina Saffran, empezaron *Project Heal* para recaudar fondos para adolescentes que necesitaban tratamientos por trastornos de la alimentación.
9. LuLu Cerone fundó *LemonAID Warriors* cuando tenía diez años para ayudar a los niños a convertir el activismo social en parte de sus vidas cotidianas.
10. Katie Stagliano empezó plantando frutas y vegetales en su huerto para alimentar a los hambrientos. Su organización, *Katie´s Krops*, ha ayudado a alimentar a miles de personas y ha entrenado a otros preadolescentes para que puedan empezar sus huertos también.

Bibliografía

-Henry Blackaby, Claude King. Mi Experiencia con Dios. Casa Bautista de Publicaciones, El Paso, TX, 1996

-José Luis Ochoa Gamboa. Servir, la Forma Eficaz de Influir. Createspace Independent Publishing Platform, United States, 2013

-Steve Corbett, Brian Fikkert. When Helping Hurts. Moody Publishers. Chicago, IL, 2009

- Reggie Joiner, Lucas Leys. Los Padres que tus Hijos Necesitan. e625, Dallas, TX, 2017

Acerca de los autores

Rich Brown nació en Ecuador, es hijo de padres misioneros y está casado con Elisa con quien tiene cuatro hijos. Realizó una Maestría en Estudios Bíblicos y Teológicos en Wheaton Graduate School. Ha sido misionero durante veinticinco años en América Latina y es fundador y presidente de Inca Link, cuyo objetivo es alcanzar a los trescientos millones de jóvenes de América Latina con el amor irresistible de Cristo. Es el director de e625 Ecuador.

Elisa Shannon Brown nació en Argentina, es hija de padres misioneros, y con su esposo Rich tienen veinticinco años de experiencia como padres. Realizó un bachillerato en Comunicaciones Interpersonales. Ha sido misionera durante veinticinco años trabajando con adolescentes y jóvenes. Es fundadora de Inca Link, una ONG que sirve en cinco países de América Latina.

Olivia Brown Jones es hija de Rich y Elisa. Se graduó de Liberty University con bachillerato doble en periodismo y español. Trabajó como editora en un periódico en Virginia, Estados Unidos, y ahora trabaja como coordinadora de medios sociales en Inca Link. Está casada con Mark Jones quien trabaja en seguridad cibernética en Estados Unidos.

Mishayla Brown Shannon es hija de Rich y Elisa. Se graduó de la Universidad de Texas A&M en Sociología con una especialización en Psicología. En 2018 se graduó de la Escuela de e625 en Argentina. Es misionera con Inca Link en Trujillo, Perú, sirviendo a niños en riesgo.

Josiah Brown Shannon es hijo de Rich y Elisa. Se está graduando de Toccoa Falls College en Psicología y está por comenzar una maestría en Psicología Deportiva. Quiere ser entrenador de fútbol en América Latina.

Alexa Brown Shannon es hija de Rich y Elisa. Tiene dieciocho años y está a punto de graduarse del colegio secundario en Ecuador. Tiene planes para estudiar Psicología en la universidad.

ALGUNAS PREGUNTAS QUE DEBES RESPONDER:

¿QUIÉN ESTÁ DETRÁS DE ESTE LIBRO?

Especialidades 625 es un equipo de pastores y siervos de distintos países, distintas denominaciones, distintos tamaños y estilos de iglesia que amamos a Cristo y a las nuevas generaciones.

e625.com

¿DE QUÉ SE TRATA E625.COM?

Nuestra pasión es ayudar a las familias y a las iglesias en Iberoamérica a encontrar buenos materiales y recursos para el discipulado de las nuevas generaciones y por eso nuestra página web sirve a padres, pastores, maestros y líderes en general los 365 días del año a través de **www.e625.com** con recursos gratis.

zona de contenido PREMIUM

¿QUÉ ES EL SERVICIO PREMIUM?

Además de reflexiones y materiales cortos gratis, tenemos un servicio de lecciones, series, investigaciones, libros online y recursos audiovisuales para facilitar tu tarea. Tu iglesia puede acceder con una suscripción mensual a este servicio por congregación que les permite a todos los líderes de una iglesia local, descargar materiales para compartir en equipo y hacer las copias necesarias que encuentren pertinentes para las distintas actividades de la congregación o sus familias.

¿PUEDO EQUIPARME CON USTEDES?

Sería un privilegio ayudarte y con ese objetivo existen nuestros eventos y nuestras posibilidades de educación formal. Visita **www.e625.com/Eventos** para enterarte de nuestros seminarios y convocatorias e ingresa a **www.institutoE625.com** para conocer los cursos online que ofrece el Instituto E 6.25

¿QUIERES ACTUALIZACIÓN CONTINUA?

Regístrate ya mismo a los updates de **e625.com** según sea tu arena de trabajo: Niños- Preadolescentes- Adolescentes- Jóvenes.

¡APRENDAMOS JUNTOS!

INSTITUTO
e6
25
CAPACITACIÓN MINISTERIAL
ONLINE DE PRIMER NIVEL
CAPACITACIÓN CONTINUA DE PRIMER
NIVEL. EN CUALQUIER LUGAR Y HORARIO.
CONOCE TU CAMPUS ONLINE
www.institutoE625.com

e6 25 .com
Sé parte de la mayor
COMunidad de
educadores cristianos
Sigue en todas tus redes a
/e625COM

¡Suscribe a tu iglesia para descargar los mejores recursos para el discipulado de nuevas generaciones!
zona de contenido
PREMIUM
SUSCRIPCIÓN POR IGLESIAS
Libros, Revista, Audios, Lecciones, Videos, Investigaciones y más
e625.com/premium